NUDELN

DIE GU KÜCHENBIBLIOTHEK

NUDELN

DIE GU KÜCHENBIBLIOTHEK

Rezeptfotos: Klaus Arras
Fotos Warenkunde und Küchentechnik: Studio Teubner

Rezepte:
Elisabeth Döpp
Reinhardt Hess
Angelika Ilies
Marianne Kaltenbach

Inhalt

DIE PERFEKTE NUDELKÜCHE

Lange Zeit als Dickmacher verpönt, gelten Nudeln heute als absolute Fitmacher. Sie werden von Ernährungswissenschaftlern empfohlen und kommen auch in der Sportlerernährung und bei Diäten häufig zum Einsatz. Zusammen mit frischem Gemüse, Olivenöl und Kräutern sind sie fester Bestandteil der vielgelobten, weil köstlichen und gesunden Mittelmeerküche.

Ein wertvoller Beitrag für die gesunde Ernährung

Nudeln enthalten wichtige Inhaltsstoffe, sie sind daher sehr gesund.

Der durchschnittliche Kaloriengehalt liegt bei 342 Kalorien pro 100 g trockenen Teigwaren ohne Ei, mit Ei enthalten sie etwa 20 Kalorien mehr. Nudeln bestehen zu rund 70% aus **Kohlenhydraten**. Diese sogenannten komplexen Kohlenhydrate sind eine gute Energiequelle. Vor allem Vollkornnudeln enthalten reichlich **Ballaststoffe**, die anhaltend sättigen und die Verdauung aktivieren. Nudeln enthalten zudem bis zu 15% **Eiweiß**, das durch die Kombination mit anderen eiweißhaltigen Zutaten wie Käse oder Hülsenfrüchten für den Körper besonders gut verwertbar wird. Der **Fett**gehalt ist bei eifreien Nudeln äußerst gering, er liegt etwa bei 1,8%, mit steigendem Eigehalt erhöht er sich. An **Mineralstoffen** sind vor allem Kalium, Phosphor, Magnesium und Eisen in den Teigwaren enthalten. Außerdem werden wertvolle **Vitamine** der B-Gruppe geliefert. Auch der Mineralstoff- und Vitamingehalt ist bei Vollkornnudeln besonders hoch.

Nudelwahl und Nudeleinkauf

Grundzutaten

Die Zutaten für die Herstellung von Nudeln sind einfach: Gemahlenes Getreide, Wasser, Salz – je nach Sorte auch Eier. Am häufigsten werden Nudeln aus Weizen zubereitet, in Italien schwört man auf Hartweizen, den sogenannten Durumweizen. Nudeln aus Durumweizen bleiben beim Kochen schön fest.

Wer auf seinen Cholesterinspiegel achten muß, sollte besser Teigwaren ohne Ei essen.

Mit oder ohne Ei

Das ist eine Frage des persönlichen Geschmacks, hat aber auch Einfluß auf den Cholesterinspiegel. In Italien gibt es vor allem Pasta ohne Ei. Eiernudeln werden meist frisch für besondere Gelegenheiten selbst gemacht. In Deutschland werden außerdem auch Teigwaren mit hohem Eigehalt wie Spätzle angeboten. Für eihaltige Nudeln gibt es in der deutschen Teigwaren-Verordnung je nach Eigehalt verschiedene Qualitätsstufen:

- Eiernudeln enthalten pro kg Mehl oder Grieß mindestens 2 1/4 Hühnereier oder Eigelbe.
- Eiernudeln mit hohem Eigehalt enthalten pro kg Mehl oder Grieß mindestens 4 Eier oder Eigelbe.
- Eiernudeln mit besonders hohem Eigehalt enthalten pro kg Mehl oder Grieß mindestens 6 Eier oder Eigelbe.

Wichtig! Wer eine Hühnereiweißallergie hat, muß die Packungsaufschrift ganz genau studieren. Denn nach deutschem Recht werden Teigwaren als eifrei eingestuft, wenn sie ganz ohne Ei hergestellt sind, aber auch, wenn sie weniger als 2 1/4 Eier pro kg Mehl oder Grieß enthalten. Allergiker müssen deshalb die Zutatenliste lesen, dort muß das Hühnerei deklariert werden, auch wenn es nur in geringen Mengen verwendet wurde.

Sie sollten immer eine Auswahl an getrockneten Nudeln im Vorrat haben

Trocken oder frisch

Die klassische Form der Haltbarmachung bei Teigwaren ist das Trocknen. Getrocknete Nudeln sind praktisch, weil man sie immer im Vorrat haben kann. Frischteigwaren sind Spezialitäten, die es abgepackt in der Kühltheke oder lose im Spezialitätengeschäft zu kaufen gibt. Es gibt gefüllte und ungefüllte Nudeln, manche sind sogar schon vorgegart und müssen nur noch erwärmt werden.

Einkauf

Qualitätsmerkmale von getrockneten Teigwaren sind eine gleichmäßige Farbe, Transparenz und glatte Oberfläche. Sie dürfen keine weißen oder dunklen Punkte (z. B. Schalenteile) oder Risse haben.
Abgepackte Frischteigwaren können Konservierungsstoffe wie Sorbinsäure enthalten, lesen Sie die Zutatenliste!

Am besten füllen Sie Nudeln aus angebrochenen Packungen in verschließbare Gläser

Haltbarkeit und Lagerung

Trockennudeln dürfen Sie an einem trockenen und luftigen Ort bis zu 3 Jahren aufbewahren. Teigwaren mit hohem Eigehalt, Vollkorn- oder Gemüsenudeln sind in der Regel nur etwa 12 Monate haltbar. Für gekochte Nudeln gilt: im Kühlschrank etwa 2 Tage, tiefgefroren etwa 6 Monate.
Frischteigwaren sind meist zwischen 2 und 6 Wochen im Kühlschrank haltbar. Das Haltbarkeitsdatum steht auf der Verpackung.

Der GU-Wegweiser zum richtigen Rezept

Damit Sie für jede Gelegenheit leicht die richtige Wahl treffen, folgt auf den nächsten Seiten der Wegweiser zum richtigen Rezept. Er enthält alle wichtigen Informationen über die Rezepte samt ihren Eigenschaften und erschließt Ihnen die Vielfalt des Buches auf einen Blick.
Dazu wurde jedes Rezept geprüft, klassifiziert und mit Wertmarken wie »Gelingt leicht«, »Schnell« oder »Preiswert« versehen. Da die meisten Rezepte mehrere Eigenschaften haben, und jeder Wertmarke eine Farbe zugeordnet ist, ist eine bunte und informative Tabelle entstanden.
Die jeweils wichtigste Wertmarke, die das Rezept am besten charakterisiert, finden Sie farblich hervorgehoben auf den Rezeptseiten wieder.

Die Kalorien
Zu jedem Rezept erfahren Sie den Kaloriengehalt pro Portion und den Fettanteil in Gramm pro Portion. Wenn Sie einmal eine »schlanke Woche« einlegen möchten, suchen Sie sich Hauptgerichte unter 400 Kalorien aus. Auch die Angabe des Fettanteils ist in diesem Zusammenhang wichtig, denn wenn Sie den Fettanteil in der Gesamtkalorienzufuhr reduzieren, nehmen Sie am besten ab. Der Fettanteil in der täglichen Nahrung sollte nicht höher als 60–80 g sein.

Die Zeit
Zeit – ein wichtiger Aspekt nicht nur für alle, die jeden Tag kochen. In der Tabelle finden Sie die Zubereitungszeiten und (in Klammern) die Zeit für Marinieren, Abkühlen etc. Alle Rezepte, die in maximal 30 Minuten zubereitet sind, und zwar vom ersten Handgriff bis zum Servieren, haben die Wertmarke **Schnell**.
Ebenfalls unter dem Zeitaspekt ist es interessant, ob Gerichte **gut vorzubereiten** sind – ganz gleich, ob für das Mittagessen zu Hause oder für ein feines Gästemenü. Selbstgemachte Nudeln können Sie schon Stunden vorher kneten, formen oder füllen. Vor dem Servieren müssen die Nudeln nur noch gekocht und mit einer einfachen oder ebenfalls vorbereiteten Sauce serviert werden.

Der Schwierigkeitsgrad
Besonders unkomplizierte Rezepte, die von Ungeübten problemlos zu bewältigen sind, sind mit **Gelingt leicht** gekennzeichnet. Rezepte **für Geübte** sind entsprechend markiert. Selbstverständlich können auch diese von Ungeübten nachgekocht werden; sie erfordern einfach etwas mehr Konzentration – durch eine besondere Zubereitungsart oder nicht ganz alltägliche Zutaten.

Weitere Eigenschaften
Nudeln genießt man fast überall auf der Welt. Deshalb ist bei besonderen Gerichten aus fremden Ländern wie Italien, Marokko, Asien oder der Schweiz die Herkunft angegeben. Sie finden sie unter der Rubrik **Spezialität aus ...**
Interessante Gerichte aus besonders preiswerten Zutaten haben die Wertmarke **Preiswert**.
Und die **vegetarischen** Rezepte sind ebenfalls auf einen Blick in der Tabelle zu erkennen. Die **vollwertigen** darunter werden mit Vollkornnudeln zubereitet und sind extra gekennzeichnet. Sie entsprechen den Kriterien für vollwertige Ernährung, die Ernährungswissenschaftler festgelegt haben. Danach sollen zum Beispiel nur möglichst wenig verarbeitete, frische Lebensmittel und Vollkornmehl verwendet werden.

Der besondere Anlaß
Mit dem Vermerk **für Gäste** sind Rezepte versehen, die nicht alltäglich sind. Einige davon sind etwas aufwendiger in der Zubereitung, für andere brauchen Sie besondere Zutaten, aber viele sind schnell gekocht, lassen sich gut vorbereiten und gelingen leicht. Eines haben sie in jedem Fall gemeinsam: Das Ergebnis ist beeindruckend.

Unendlich viele Kombinationsmöglichkeiten
Nun sehen Sie schon, daß es wichtig ist, mehrere Eigenschaften der Rezepte zu kennen, um das richtige für jeden Anlaß auszuwählen. Manchmal braucht man eben ein **vegetarisches** Rezept für **Gäste** oder eins, das **leicht gelingt** und sich für morgen **gut vorbereiten** läßt.

Das besondere Rezept !

Einige Rezepte des Buches haben wir als besondere Rezepte hervorgehoben. Anhand dieser Beispiele wird erklärt, welche Eigenschaften dieses Rezept zu einem besonderen für Gäste machen, warum ein anderes so gut vorzubereiten und warum das dritte so schnell ist. Dazu gibt es Tips, wie der Geschmack noch feiner, die Zubereitung noch schneller, noch praktischer wird.
Die besonderen Rezepte sind im Buch leicht zu finden, der Text steht auf einer gelben Seite.

GU-WEGWEISER ZUM RICHTIGEN REZEPT

Seite	Rezept	Zubereitungs-zeit	Kalorien	Fett in Gramm	Gelingt leicht
	SUPPEN & SALATE				
30	Gemüsesuppe mit Pistou	40 Min.	330	8	
31	Minestrone con Pasta	30 Min. (+ 14 1/2 Std.)	480	11	
32	Nudelsuppe mit Huhn und Gemüse	40 Min. (+ 2 1/2 Std.)	640	24	
33	Buchstabensuppe mit Gemüsekugeln	40 Min.	160	1	
34	Asiatische Nudelsuppe mit Chinakohl	40 Min.	260	12	
34	Eiernudelsuppe mit Kabeljau	30 Min.	98	1	
35	Marokkanische Gemüsesuppe	1 Std. 10 Min.	360	15	
37	Wan-Tans mit Geflügelfüllung	1 Std. 20 Min.	200	1	
38	Meeresfrüchte-Nudel-Salat	45 Min.	500	12	
39	Bandnudelsalat mit Gemüsestreifen	45 Min.	430	30	
39	Tortellinisalat mit Paprikakonfetti	40 Min.	500	38	
40	Kreolischer Nudelsalat mit Orangenvinaigrette	40 Min.	480	12	
41	Asiatischer Glasnudelsalat	30 Min.	310	17	
42	Dänischer Nudel-Fischsalat	40 Min.	640	37	
43	Sommersalat mit marinierten Pilzen	45 Min. (+ 6–12 Std.)	520	19	
44	Nudel-Avocado-Salat	30 Min.	550	19	
45	Insalata di penne	20 Min.	450	29	
45	Mozzarella-Pasta-Salat	30 Min.	600	21	
	MIT GEMÜSE UND KRÄUTERN				
48	Spaghetti mit Gorgonzolasauce	25 Min.	830	38	
49	Spaghetti mit Rucola	20 Min.	670	19	
49	Spaghetti mit getrockneten Tomaten	20 Min.	570	14	
49	Spaghetti aglio, olio e olive	20 Min.	830	43	
50	Trenette alla genovese	45 Min.	740	29	
51	Reginette mit Pilzsauce	35 Min.	550	20	
52	Grüne Nudeln »tre formaggi«	25 Min.	810	47	
52	Walnuß-Spaghettini mit Zucchinisauce	30 Min.	690	28	
53	Spaghettini mit Limettensauce	30 Min.	760	42	
55	Maltagliati mit Artischocken	1 3/4 Std.	640	35	
56	Penne picante	45 Min.	640	28	
56	Makkaroni mit Spinatsahne	45 Min.	640	31	
57	Linguine mit Spargel	45 Min.	670	33	
58	Bucatini all'amatriciana	30 Min.	620	24	
59	Tortellini mit Wildkräutern	40 Min.	600	21	
61	Basilikumnudeln mit Tomatensahne	2 Std.	480	17	
62	Spaghettini alla siracusana	50 Min.	600	20	
63	Schmetterlingsnudeln mit Möhrencreme	50 Min.	710	35	
64	Krautfleckerln	45 Min.	450	10	
65	Orecchiette mit Linsen	30 Min. (+ 1 Std.)	550	8	

Schnell	Preiswert	Läßt sich gut vorbereiten	Für Gäste	Für Geübte	Vollwertig	Spezialität aus	Vegetarisch
						Südfrankreich	
						Italien	
						Japan	
						China	
						Marokko	
						China	
						der Karibik	
						Dänemark	
						Italien	
						Italien	
						Italien	
						Italien	
						Italien	
						Italien	
						Italien	
						Italien	
						Italien	
						Sizilien	
						Österreich	

GU-WEGWEISER ZUM RICHTIGEN REZEPT

Seite	Rezept	Zubereitungs-zeit	Kalorien	Fett in Gramm	Gelingt leicht
66	Pizzoccheri	1 1/2 Std.	790	50	
67	Nudeln mit Walnußsauce	1 Std.	790	40	
69	Kräuterspätzle mit Sahnepilzen	1 Std.	360	13	
70	Safrannudeln mit Broccoli	1 1/2 Std.	450	16	
71	Nudeln mit Kichererbsen	50 Min. (+ 9 1/2 Std.)	570	15	■
72	Bandnudeln mit Radicchio	30 Min.	690	33	■
73	Sesamnudeln mit Zuckerschoten	30 Min.	690	15	
73	Muschelnudeln mit Erbsen und Spargel	25 Min.	640	10	■
74	Gebratene Gemüsenudeln	30 Min.	380	11	■
75	Reisnudeln mit Pfefferöl und Gemüse	40 Min.	480	10	■
	MIT FLEISCH UND FISCH				
79	Pappardelle mit Wildhase	1 Std. (+ 1 Std.)	570	16	
80	Paglia e fieno	1 1/2 Std.	670	38	
81	Spaghetti alla carbonara	30 Min.	690	31	■
82	Makkaroni alla bolognese	40 Min. (+ 2 1/2 Std.)	760	37	■
83	Fettuccine nach römischer Art	1 1/2 Std.	810	31	■
83	Kalbfleisch-Salbei-Linguine	25 Min.	860	47	■
84	Oreganonudeln mit Hähnchen und Grillgemüse	1 1/2 Std.	520	20	
85	Nudeln vitello tonnato	30 Min.	760	32	■
86	Tagliatelle mit Lammragout	40 Min. (+ 1 Std.)	640	19	■
87	Nudeln mit Hähnchen und roten Linsen	40 Min.	670	17	■
87	Currynudeln	40 Min.	640	22	■
89	Udon-Nudeln mit Hähnchen und Gemüse	40 Min.	380	14	■
90	Bami Goreng	45 Min.	400	11	■
91	Knuspernudeln nach thailändischer Art	40 Min.	450	27	
92	Rosmarinnudeln mit Seeteufel	1 1/2 Std.	500	14	
93	Spaghetti mit Heilbutt	30 Min.	520	5	■
94	Reisnudeln mit Ingwerfisch	30 Min. (+ 30 Min.)	550	19	■
95	Eiernudeln mit Meeresfrüchten	45 Min.	500	10	
96	Pappardelle mit Riesengarnelen	25 Min.	500	11	
96	Spaghetti mit Lachs und Lauch	30 Min.	670	25	■
97	Spaghetti vongole	45 Min.	550	13	■
98	Knuspernudeln mit süßsaurem Fisch	45 Min. (+ 2 Std.)	450	19	
99	Grüne Nudeln mit Zanderfilet	30 Min.	520	8	■
99	Bandnudeln mit Kaviar	30 Min.	670	31	■
100	Nudeln mit Thunfisch und Ziegenkäse	30 Min.	760	31	■
101	Nudelflecken mit Garnelen	1 1/2 Std.	480	15	

Schnell	Preiswert	Läßt sich gut vorbereiten	Für Gäste	Für Geübte	Vollwertig	Spezialität aus	Vegetarisch
						Italien	
						Schwaben	
						Griechenland	
						Vietnam	
						Italien	
						Italien	
						Italien	
						Italien	
						Italien	
						Italien	
						Japan	
						Indonesien	
						Thailand	
						China	
						China	
						Italien	
						China	

GU-WEGWEISER ZUM RICHTIGEN REZEPT

Seite	Rezept	Zubereitungs-zeit	Kalorien	Fett in Gramm	Gelingt leicht
	GEFÜLLTE SPEZIALITÄTEN				
105	Maultaschen	1 1/2 Std.	790	39	
106	Kräuterravioli mit Zucchini	1 3/4 Std.	570	27	
107	Ravioli mit Mozzarella und Kräutern	1 1/2 Std.	640	35	
108	Ravioli mit Minze	1 1/2 Std.	710	33	
109	Pilzravioli	1 3/4 Std.	670	34	
110	Pansoòti mit Nußsauce	1 1/2 Std.	860	52	
111	Tiroler Schlutzkrapfen	1 1/2 Std.	690	37	
113	Tortellini mit Fleischfüllung in Salbeibutter	2 Std.	690	33	
114	Teigbeutelchen mit Artischocken	1 1/2 Std.	330	20	
115	Teigtäschchen mit Kürbis	2 3/4 Std.	930	50	
116	Nudeltaschen mit Joghurtsauce	1 1/2 Std.	950	49	
117	Conchiglione mit Lachscreme	1 1/2 Std.	500	33	■
119	Dim Sum mit Garnelen	2 Std.	330	7	
120	Sauerkraut-Pierogi	2 Std.	640	34	
121	Fritierte Teigtaschen	1 1/4 Std.	450	23	
	AUS DEM OFEN				
124	Nudel-Gemüse-Auflauf	30 Min. (+ 40 Min.)	790	39	■
124	Schinkennudeln mit Lauch	35 Min. (+ 30 Min.)	690	34	■
125	Überbackene Nudelnester	45 Min. (+ 20 Min.)	480	15	■
126	Griechischer Pastitsio	40 Min. (+ 40 Min.)	430	15	■
127	Spiralnudeln mit Spargel	35 Min. (+ 15 Min.)	400	15	■
129	Lasagne al forno	1 Std. (+ 30 Min.)	800	46	
130	Lasagne mit Shiitakepilzen	1 Std. (+ 30 Min.)	740	30	■
131	Cannelloni mit Spinat	45 Min. (+ 30 Min.)	950	64	
132	Krautrollen	1 Std. (+ 35 Min.)	900	60	■
133	Älplermakkaroni	35 Min.	950	58	■
134	Gratinierte Nußspätzle mit Mangold	1 3/4 Std.	520	27	
135	Vegetarischer Nudelauflauf	1 1/4 Std. (+ 40 Min.)	740	21	■
136	Nudelauflauf mit Hähnchen und Broccoli	35 Min. (+ 40 Min.)	570	24	■
137	Nudelgratin mit Tomaten und Zucchini	1 Std. (+ 25 Min.)	500	20	■
138	Gratinierte Rigatoni mit Pilzen und Artischocken	45 Min. (+ 50 Min.)	480	13	
139	Hähnchenlasagne	45 Min. (+ 20 Min.)	500	21	■
139	Elsässer Nudelgratin	45 Min.	690	36	■

Schnell	Preiswert	Läßt sich gut vorbereiten	Für Gäste	Für Geübte	Vollwertig	Spezialität aus	Vegetarisch
	x	x		x		Schwaben	
			x	x			x
		x	x	x			x
		x	x	x		Italien	x
		x	x	x			
		x	x	x		Italien	x
	x	x	x	x		Südtirol	x
	x		x	x		Italien	
		x	x	x			x
		x	x	x			
	x	x	x	x		der Türkei	x
			x				
			x	x		China	
	x	x		x		Polen	
			x	x			
	x	x					
	x	x					
			x				
	x	x			x	Griechenland	x
			x		x		x
		x	x			Italien	
		x	x				x
			x			Italien	
	x	x					
						der Schweiz	x
		x			x		x
		x			x		x
			x				
	x	x					
					x		x
			x				
			x			dem Elsaß	

WARENKUNDE

Nudeln bieten jede Menge Vielfalt, denn sie werden aus den unterschiedlichsten Zutaten hergestellt, und die Anzahl der angebotenen Formen ist unendlich groß. Ob Spaghetti oder Farfalle, Nudeln aus Hartweizen oder Dinkel, ob aus Asien oder Italien: Nudeln sind international und weltweit bei groß und klein beliebt. Vor allem die Italiener zeichnen sich als Spezialisten in Sachen Pasta aus. China und Japan gelten seit Jahrhunderten als Nudelparadies und bringen mit ihren Spezialitäten Abwechslung ins Nudelgeschehen. Und auch Deutschland, Österreich und die Schweiz haben ihre Nudelfavoriten. Wir stellen Ihnen hier die wichtigsten Nudelarten vor, damit Sie beim nächsten Einkauf genau wissen, was in Nudeln steckt, wie die verschiedenen Formen heißen und wofür sich welche am besten eignen.

DIE OPTISCHE VIELFALT

Eine Palette von Formen und Farben

Hier die wichtigsten Nudeln, die Sie in Supermärkten, Feinkostgeschäften, Reformhäusern, Asien- oder Bioläden kaufen können. Beachten Sie: Die verschiedenen Hersteller benutzen manchmal unterschiedliche Namen für die gleiche Nudelform. Manchmal differieren die Bezeichnungen auch von Region zu Region.

Die Langen

Sie haben alle eine Länge von mindestens 30 cm und sind gerade. Zu den Langen zählen die berühmtesten Teigwaren Italiens: die **Spaghetti**. Übersetzt bedeutet Spaghetto Bindfaden, Schnürchen oder kleiner Strick. Spaghetti gibt es von dünn bis dick in zahlreichen Varianten. Die dünnen heißen **Spaghettini** und **Vermicelli**. Die dicken, hohlen nennt man **Bucatini**.
Bandnudeln unterscheiden sich in der Breite. Die schmalen, flachen heißen **Linguine** und **Trenette**, die mittleren **Tagliatelle** und **Fettuccine**, die auch als Nudelnester angeboten werden. Die breitesten heißen **Pappardelle**. Besondere Spezialitäten sind die **Trinette**, Bandnudeln mit einem gewellten Rand, und die **Reginette**, Bandnudeln mit zwei gewellten Rändern.
Makkaroni sind Röhrennudeln, man erkennt sie am Loch in der Mitte.

Zubereitung: Die dünnen, langen Nudeln passen besonders gut zu feinen, leichten Saucen. Die Sauce darf nicht zu flüssig sein, sonst rutscht sie an den glatten Nudeln ab. Die dünnen Langen schmecken auch einfach mit Butter, geriebenem Käse oder Öl und Knoblauch. Die breiten und dicken Langen sind ideale Begleiter von kräftigen Klassikern wie Tomatensauce, Pesto, Olivenpaste und Ragù alla bolognese. Auch andere gehaltvolle Saucen können Sie dazu reichen.

Makkaroni können Sie vor dem Kochen getrost durchbrechen, das machen auch die Italiener so. Denn in voller Länge lassen sie sich nur sehr schwierig essen.

Pappardelle

Spinat-Fettuccine

Tagliatelle

Spaghetti

Linguine

Makkaroni

Reginette

Die Kleinen

Durch ihre spezielle Form nehmen die kleinen und kurzen Nudeln besonders viel Sauce auf. Manche kurze Nudeln haben zusätzlich Rillen auf der Oberfläche, an denen die Sauce ebenfalls gut haftet. Die bekanntesten Formen sind **Penne** – die schräg abgeschnittenen Nudelröhrchen; **Rigatoni** – die gerippten Nudelröhrchen; **Spiralnudeln**, die in Italien **Fusilli** heißen. **Farfalle** – die **Schmetterlings- oder Schleifchennudeln**; **Muschelnudeln**; **Orecchiette** – die Öhrchen; und **Ruote** – die Rädchen.

Zubereitung: Die Kurzen schmecken besonders gut zu gehaltvollen, dicklichen Saucen. Klassisch sind zum Beispiel Penne mit einer scharfen Tomatensauce. Für einfache Ölsaucen und Pesto eignen sich kurze Nudeln weniger.

Kleine Nudeln lassen sich besonders einfach essen und sind deshalb bei Kindern sehr beliebt.

Farfalle

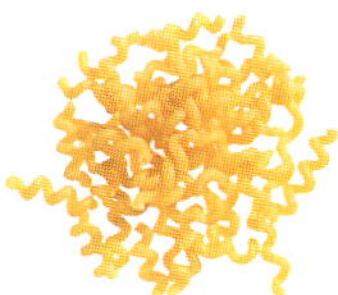
Spiralen

Ruote

Muscheln

Rigatoni

Orecchiette

Penne

Die Feinen

Dazu zählen die **Buchstaben**, die **Sternchen** und zahlreiche weitere kleine Formen sowie die schmalen, kurzen feinen **Schnittnudeln**, die bei uns auch als Suppennudeln verkauft werden.

Zubereitung: Feine Nudeln sind ideal für Suppen.

Sie haben die kürzeste Garzeit und eignen sich perfekt für die ganz schnelle Küche.

Buchstaben

Sternchen

DIE OPTISCHE VIELFALT

Die Gefüllten

Frische hausgemachte Teigwaren mit Fleisch-, Fisch- oder Gemüsefüllung von guter Qualität finden Sie in großen Supermärkten, in Feinkostläden, vor allem italienischen und asiatischen, aber auch in Metzgereien oder Bioläden.

Die bekanntesten aus Italien sind **Tortellini**, die gefüllten Teigringe – und **Ravioli**, die viereckigen oder runden Teigtaschen. Beide gibt es in unterschiedlichen Größen und mit verschiedenen Füllungen in getrockneter Form im Teigwarenregal des Supermarkts oder in Folie eingeschweißt im Kühlregal. Eine bei uns seltenere Variante der gefüllten Pasta sind **Cappelletti** – Teighütchen – gefüllt mit Käse oder Hackfleisch. Die deutsche Variante der Nudeln mit Füllung sind die schwäbischen Maultaschen. Die asiatischen Gefüllten heißen **Wan Tan**. Sie haben meist die Form von kleinen Säckchen, Ringen oder Quadraten. Die Füllung kann aus Krabben oder Fleisch, gewürzt mit Sojasauce und Reiswein, bestehen.

Zubereitung: Das einfachste Rezept ist, die gefüllten Nudeln in kräftiger Gemüse- oder Fleischbrühe zu erhitzen. Sie können auch cremige Saucen, die auf die Füllung abgestimmt sind, dazu servieren. Wan Tan schmecken auch sehr gut fritiert.

Die Extragroßen

In sprudelndem Salzwasser gekochte Lasagne-, Cannelloni- oder Muschelnudeln stets gut unter kaltem Wasser abkühlen, damit sie nicht weitergaren.

Zu ihnen gehören **Lasagne** – die breiteste Bandnudel mit glattem oder gewelltem Rand und **Cannelloni** – die Röhrennudeln. Eine weitere Spezialität sind Nudelformen wie **Conchiglione**, die großen muschelförmigen, die man füllen kann. Lasagneplatten und Cannellonirollen sind die Basis für die beliebten Pastagerichte aus dem Backofen.

Zubereitung: Die Lasagneplatten werden mit einer Hackfleisch- oder Gemüsemasse und Bechamelsauce sowie je nach Rezept mit Pilzen, Tomaten und Kräutern in eine Auflaufform geschichtet und mit Käse überbacken. Die Cannellonirollen und Muscheln werden mit einer würzigen Hackfleisch-, Fisch-, Gemüse- oder Käsemasse gefüllt und mit Sauce und Käse überbacken oder im Ofen erhitzt. Normalerweise sollten Sie Lasagneblätter, Cannelloni oder Conchiglione vorkochen, bevor Sie sie für ein Ofengericht verwenden. Steht aber auf der Packung »ohne Vorkochen«, dürfen Sie die Nudeln einfach so in den Auflauf schichten. Vorausgesetzt, die Sauce enthält genügend Flüssigkeit und der Auflauf gart mindestens 40 Min. im Ofen. Ansonsten sollten Sie Lasagneblätter oder Cannelloni ebenfalls einige Minuten vorkochen.

Cannelloni

Conchiglione

grüne Lasagne

Die Bunten

Zu Nudeln mit intensivem Geschmack bietet sich eine mildgewürzte Sauce an, denn zuviel Würze übertönt das Nudelaroma. Besonders schön wirken Pastagerichte, bei denen Nudeln mit verschiedenen Farben, zum Beispiel rot und grün serviert werden.

Egal, ob grüne Fusili, rote Farfalle oder schwarze Spaghetti, die bunten Nudeln verdanken ihre Farbe stets Kräutern, Gemüse oder der Sepiatinte. Manche Nudeln schmecken intensiv nach der Zutat, die ihnen die Farbe verleiht. Zum Beispiel grüne Nudeln mit Spinat, Brennesseln oder Salbei, schwarze Nudeln mit Sepiatinte oder rote mit Peperoncini. Nudeln, die mit Tomaten oder roter Bete gefärbt wurden, schmecken neutral.

Zubereitung: Bunte Nudeln werden genau wie die ungefärbten nach Packungsaufschrift gegart. Die Sauce und die weiteren Zutaten müssen geschmacklich und farblich auf die Nudeln abgestimmt sein.

Hörnchen: neutral; mit Spinat; mit roter Bete

Farfalle: neutral; mit Tomaten; mit Spinat

Bandnudeln mit roter Bete

Tagliolini mit Sepiatinte

DIE OPTISCHE VIELFALT

Die Vollwertigen

Vollkornteigwaren werden aus Mehl oder Grieß des vollen Weizenkorns hergestellt. Man erkennt sie an der kräftig grau-braunen Farbe. Sie werden in vielen Formen angeboten, gelegentlich sind sie auch mit Kräutern oder Gemüse gefärbt. Die italienischen Hersteller nennen Hartweizennudeln aus vollem Korn meist »Pasta integrale«. Vollkornteigwaren stammen nicht unbedingt aus Getreide aus biologischem Anbau, wenn es auf der Packung nicht ausdrücklich vermerkt wird.

Es gibt Vollkornteigwaren, die außer gemahlenem Weizen Buchweizen, Soja, Hirse, Sechskorngetreide oder auch Weizenkeime enthalten. Das steht auf der Packung oder geht aus dem Namen hervor. Eine bekannte Spezialität sind die Pizzocherinudeln aus Italien, die aus Weizen- und Buchweizenmehl hergestellt werden.

Zubereitung: Nudeln aus vollem Korn haben meist eine längere Garzeit. Sie schmecken besonders gut zu kräftigen Saucen mit Gemüse.

Die Lagerfähigkeit beschränkt sich wegen des höheren Fettgehalts auf 12 Monate. Die Vollwertigen enthalten besonders wertvolle Inhaltsstoffe, mehr dazu lesen Sie auf Seite 20.

Spaghetti mit Soja

Vollkorn-Spaghetti

Taglierini mit Dinkel

Eliche mit Spinat

Die Asiatischen

Nudeln spielen in den Küchen Asiens eine ähnlich wichtige Rolle wie in Italien. Hier die wichtigsten Sorten: **Chinesische Nudeln** werden aus Weizengrieß hergestellt und ähneln unseren schmalen Bandnudeln. Sie werden mit oder ohne Ei angeboten, häufig als Instant-Produkt. Meist sind die Nudeln zum Block gepreßt. Die haarfeinen **Glasnudeln** werden aus der Stärke von Sojabohnen, Mungobohnen oder anderen Hülsenfrüchten sowie aus Kartoffelstärke hergestellt. Durch Einweichen in Wasser werden sie weich und transparent. Da sie sehr lang sind, schneidet man sie nach dem Einweichen – am besten mit einer Küchenschere – kleiner. Danach sind sie im Nu gar. Häufig werden Glasnudeln auch vorgegart angeboten, dann ist ihre Garzeit besonders kurz. Asiatische Köche verwenden Glasnudeln gerne als Suppeneinlage oder als Beilage. Glasnudeln kann man auch sehr gut fritieren: Uneingeweicht ins heiße Fett geben. Sie werden etwa doppelt so groß, weiß und herrlich knusprig. **Reisnudeln** bestehen aus Reismehl und Wasser, es gibt sie von Spaghetti- bis Bandnudelbreite. Reisnudeln in kochendem Wasser 3 Minuten garen, dann mit der jeweiligen Sauce mischen oder nochmals in einer Pfanne mit der Sauce erwärmen. Reisnudeln dürfen nach dem Garen nicht zu lange stehen, sonst werden sie wieder hart. **Soba-Nudeln** werden aus Buchweizenmehl hergestellt und haben einen besonders würzigen Geschmack. Sie sind spaghettilang und unterschiedlich breit. Sie schmecken in Suppen, aber auch kalt oder warm mit verschiedenen Saucen. Getrocknete Buchweizennudeln benötigen eine Garzeit von etwa 10 Minuten. **Udon-Nudeln** stammen aus Japan, bestehen aus Weizenmehl und Wasser und sehen aus wie Tagliatelle. Sie brauchen etwa 10 Minuten, um gar zu werden.

Chinesische Nudeln, Glas- und Reisnudeln finden Sie in gut sortierten Supermärkten. Soba- und Udon-Nudeln gibt es in Asienläden.

Chinesische Eiernudeln

Udon-Nudeln

Glasnudeln

Reisnudeln

Nudeln hausgemacht

Ob Bandnudeln oder Ravioli mit raffinierter Füllung – selbstgemachte Nudeln schmecken unvergleichlich gut! Das Zubereiten und Formen des Teigs kostet zwar etwas Zeit und manchmal auch Kraft, doch die Mühe lohnt sich. Auf den folgenden Seiten finden Sie die wichtigsten Grundrezepte für Nudelteige und Sie bekommen anschaulich gezeigt, worauf es beim Formen und Füllen der Nudeln ankommt.

Tips für den Teig

Die Temperatur: Nudelteig liebt Wärme. Die Zutaten sollten alle Zimmertemperatur haben. Ähnlich wie bei der Zubereitung von Hefeteig sollte die Raumtemperatur nicht zu niedrig sein. Zugluft vermeiden!

Die Eier: Nur ganz frische Eier verwenden. Achten Sie auf das Mindesthaltbarkeitsdatum! Eier rechtzeitig aus dem Kühlschrank holen, damit sie Zimmertemperatur annehmen können.

Das Wasser: Nicht auf einmal, sondern nach und nach am besten eßlöffelweise dazugeben. Die benötigte Menge kann schwanken, da das Mehl von verschiedenen Herstellern manchmal eine unterschiedliche Quellfähigkeit hat. Außerdem hängt die Wassermenge von der Eigröße ab. Verwenden Sie nur lauwarmes Wasser.

Das Salz: Die in den Rezepten angegebene Salzmenge können Sie nach Belieben reduzieren oder weglassen. Die Italiener etwa bereiten Pastateig meist ohne Salz zu, da es weiße Flecken oder kleine Risse im Teig verursachen kann. Sie meinen, daß die Nudeln während des Garens im Salzwasser genügend Salz aufnehmen.

Arbeitsfläche: Am besten kneten und formen Sie den Teig auf einem Backbrett aus Holz oder einem großen Tisch. Marmor ist nicht gut geeignet, da er zu kalt ist.

DIE GRUNDREZEPTE FÜR NUDELTEIGE

Nudelteig mit Ei

Dieser Standardteig wird mit dem üblichen Haushaltsmehl Type 405 hergestellt. Er ist vielseitig einzusetzen und eignet sich für alle geschnittenen und gefüllten Nudeln.

Zutaten für 4 Personen:
300 g Mehl
3 große Eier
1 EL Olivenöl
1/2 Teel. Salz

Das Mehl auf das Backbrett oder die Arbeitsfläche schütten, aufhäufen und in der Mitte mit einem Löffel eine Mulde formen.

Die Eier nacheinander in die Mulde geben. Das Öl und das Salz hinzufügen.

Öl und Salz mit einer Gabel mit den Eiern verquirlen.
Dann nach und nach immer mehr Mehl vom Rand aus unterrühren, bis ein dickflüssiger Teig entsteht.

Nun mit beiden Händen das Mehl von außen nach innen in den Teig einarbeiten.

Falls der Teig das Mehl nicht vollständig aufnimmt, tropfenweise Wasser dazugeben. Falls der Teig zu sehr klebt, noch etwas Mehl dazugeben.

Dann den Teig so lange kräftig durchkneten bis er glatt, glänzend und elastisch ist.

Wenn der Teig mit dem Nudelholz weiterverarbeitet wird, muß er besonders gründlich geknetet werden, mindestens 10 Minuten. Wer eine Nudelmaschine hat, muß den Teig nicht ganz so intensiv kneten, sondern dreht ihn einige Male durch die Walze (Seite 22).

Den Teig zu einer Kugel formen und in Klarsichtfolie wickeln.

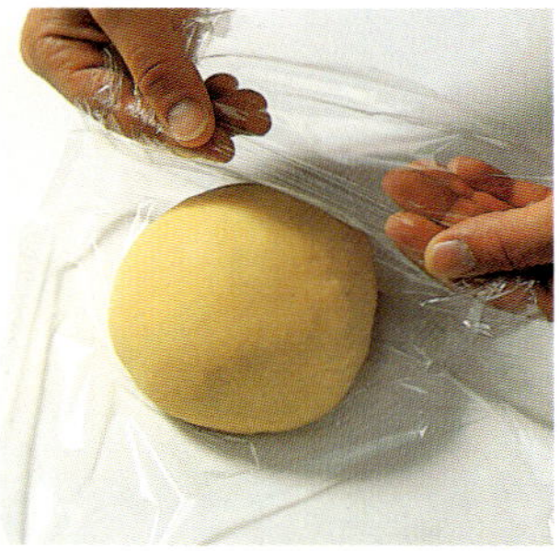

Sie können ihn auch mit einem feuchten Tuch bedecken und bei Zimmertemperatur etwa 1/2 Stunde ruhen lassen. Den Teig nochmals durchkneten und weiterverarbeiten (Seite 22).

Tip: Soll der Teig besonders gelb und fein werden, verwenden Sie statt den angegebenen ganzen Eiern 6 Eigelbe. Je nach Konsistenz des Teiges noch tropfenweise Wasser hinzufügen.

Nudelteig ohne Ei

Nudeln ohne Ei müssen auf jeden Fall mit Hartweizen hergestellt werden. Denn Hartweizen, der auch Durumweizen genannt wird, enthält reichlich Klebereiweiß und macht somit die Zugabe von Eiern überflüssig. In italienischen Spezialgeschäften finden Sie speziellen Hartweizengrieß für die Nudelherstellung. Dieser ist ideal für den Pastateig und wird nicht mit weiterem Mehl gemischt. Der deutsche Hartweizengrieß ist gröber und nicht ganz so perfekt für Nudeln geeignet wie der italienische. Er muß deshalb, wie im folgenden Rezept angegeben, mit Mehl Type 405 gemischt werden.

Zutaten für 4 Personen:
150 g Hartweizengrieß
150 g Mehl
1/2 TL Salz
100–150 ml lauwarmes Wasser

Den Grieß, das Mehl und das Salz in einer Schüssel mischen. So viel Wasser dazugeben und unterkneten, bis ein glatter elastischer Teig entsteht.

Den Teig zu einer Kugel formen, in Klarsichtfolie wickeln oder mit einem feuchten Tuch bedecken und bei Zimmertemperatur etwa 1 Stunde ruhen lassen. Dann weiterverarbeiten (Seite 22).

Tip: Wer vollwertige Nudeln ohne Ei herstellen möchte, wählt einen Hartweizengrieß mit besonders hohem Ausmahlungsgrad oder Vollkorn-Hartweizengrieß. Fragen Sie in Ihrem italienischen Fachgeschäft, im Reformhaus oder Bioladen gezielt danach. Normaler Vollkornweizengrieß ist nicht geeignet.

DIE GRUNDREZEPTE FÜR NUDELTEIGE

Tips für Vollwertfans

Nudeln aus vollem Korn schmecken besonders kräftig und sind vor allem sehr gesund. Sie enthalten reichlich Vitamine der B-Gruppe, Folsäure und Vitamin E sowie Eisen, Magnesium und Kalium. Außerdem ist ihr Ballaststoffanteil sehr hoch, aus diesem Grund sättigen Vollkornnudeln ausgesprochen gut. Am besten bereiten Sie den Nudelteig aus frisch gemahlenem Vollkornmehl zu. Wer keine eigene Mühle hat, und auch keine Möglichkeit, sich die Körner im Geschäft mahlen zu lassen, kann ersatzweise auf fertig verpacktes Mehl zurückgreifen. Achten Sie auf das Mindesthaltbarkeitsdatum, denn Vollkornmehl ist empfindlich und nicht so lange lagerfähig wie Weizenmehl (Type 405). Einsteiger der Vollwertküche können auch Vollkornmehl mit Weizenmehl in gleichen Mengen mischen.

Nudelteig aus Vollkornmehl

Zutaten für 4 Personen:
300 g Vollkornmehl (Weizen oder Dinkel)
2 Eier
4 EL Olivenöl
3–4 EL Wasser
1/2 TL Salz

Das Mehl auf die Arbeitsfläche schütten, aufhäufen und in der Mitte eine Mulde formen. Die Eier, das Öl und das Wasser in die Mulde geben und mit einer Gabel verquirlen. Nach und nach Mehl vom Rand einrühren.

Sobald in der Mulde ein dickflüssiger Teig entsteht, mit beiden Händen das Mehl von außen nach innen einarbeiten.

Dann den Teig kräftig kneten. Hierbei den Teig mit den Handballen auf der Arbeitsfläche immer wieder auseinanderdrücken, zusammenlegen und erneut zusammendrücken.

Den Teig zu einer Kugel formen, in Klarsichtfolie wickeln oder mit einem feuchten Tuch bedecken und mindestens 1 Stunde bei Zimmertemperatur ruhen lassen. Danach den Teig weiterverarbeiten (Seite 22).

Tip: Wer Eier sparen will, kann 1 Ei durch 1 EL Vollsojamehl ersetzen. Wer Vollkornnudeln ganz ohne Ei herstellen möchte, muß Hartweizengrieß unter den Teig mischen (Rezept »Nudelteig ohne Ei« Seite 19).

Vollkornnudel-Varianten

Weizen- und Dinkelmehl lassen sich ausgezeichnet zu geschmeidigen Nudelteigen verarbeiten. Sie können die beiden Mehle zu einem Teil auch durch andere Mehle ersetzen, so kommt Abwechslung in die vollwertige Nudelküche. In der Regel sollte die Hälfte des Teiges aus Weizen- oder Dinkelmehl bestehen, zum Beispiel 150 g feingemahlenes anderes Mehl, 150 g Weizenmehl.

Buchweizen: Er ist zwar kein Getreide, sondern zählt zu den Knöterichgewächsen, dennoch läßt sich Buchweizenmehl gut in Nudelteige einarbeiten. Buchweizen gibt den Nudeln einen leicht nußartigen Geschmack. Er ist in der asiatischen und der norditalienischen Küche beliebt.

Grünkern: Halbreif geernteter Dinkel heißt Grünkern. Nudeln mit Grünkern schmecken besonders würzig.

Hirse: Nudeln mit Hirsemehl sehen schön hell aus und sind sehr eisenreich.

Kastanien: Das feingemahlene Kastanienmehl gibt den Nudeln einen feinen, leicht süßlichen Geschmack.

Roggen: Mehl aus Roggenkörnern kann auch ohne Zumischen von Weizen oder Dinkel verwendet werden. Es ist dennoch zu empfehlen, einen Teil Weizen- oder Dinkelmehl unterzumischen, denn so läßt sich der Teig besser verarbeiten. Roggenteigwaren schmecken besonders kernig.

Gefärbter Nudelteig

Spinat, Kräuter, Tomaten und Co. bringen Farbe in den Nudelteig. Zu hellen Saucen bieten gefärbte Nudeln einen hübschen Kontrast. Auf den Geschmack wirken sich die farbigen Zutaten allerdings nur in wenigen Fällen aus, da durch das Kochen viele Aromastoffe verloren gehen.

Grüne Spinatnudeln

Zutaten für 4 Personen:
150 g junger Blattspinat
300 g Mehl
3 Eier
1 EL Olivenöl
1/2 TL Salz

Den Spinat verlesen, putzen, waschen und abtropfen lassen. In kochendem Wasser etwa 2 Minuten blanchieren, mit eiskaltem Wasser abschrecken und abtropfen lassen. Den Spinat fest ausdrücken, dann im Cutter, Mixer oder mit dem Pürierstab fein pürieren.

DIE GRUNDREZEPTE FÜR NUDELTEIGE

Das Mehl auf der Arbeitsfläche aufhäufen, in der Mitte eine Mulde formen. Die Eier hineinschlagen, das Spinatpüree, das Olivenöl und das Salz hineingeben und mit einer Gabel verquirlen. Dann nach und nach immer mehr Mehl vom Rand aus unterrühren, so daß ein dickflüssiger Teig entsteht.

Nun mit beiden Händen das Mehl von außen nach innen in den Teig arbeiten. Falls der Teig das Mehl nicht vollständig aufnimmt, tropfenweise Wasser dazugeben. Falls der Teig klebt, noch etwas Mehl einarbeiten.

Den Teig etwa 10 Minuten kräftig kneten, so daß er glatt, glänzend und elastisch ist. Den Teig zu einer Kugel formen, in Klarsichtfolie wickeln oder mit einem feuchten Tuch bedecken und bei Zimmertemperatur etwa 1/2 Stunde ruhen lassen. Den Teig nochmals durchkneten und weiterverarbeiten (Seite 22).

Grüne Kräuternudeln

Grundlage für die Kräuternudeln ist der Nudelteig mit Ei (Rezept Seite 19). Mischen Sie 1–2 EL feingehackte frische Kräuter, zum Beispiel Petersilie, Salbei, Thymian oder Dill unter die verquirlten Eier, bevor das Mehl untergeknetet wird. Die zugegebenen Kräuter sollten mit dem Geschmack der Sauce harmonieren, zum Beispiel Dillnudeln zu einer Lachssauce.

Rote Tomatennudeln

Grundlage ist der Nudelteig mit Ei (Rezept Seite 19). 30–40 g Tomatenmark mit etwa 2 EL Wasser verrühren und unter die verquirlten Eier mischen, dann das Mehl unterkneten.

Rote-Bete-Nudeln

Grundlage ist der Nudelteig mit Ei (Rezept Seite 19). Für die roten Nudeln 80 ml Rote-Bete-Saft (Reformhaus) auf etwa 30 ml einkochen lassen und abgekühlt unter den Teig mischen.

Gelbe Safrannudeln

Grundlage ist der Nudelteig mit Ei (Rezept Seite 19). 1 Döschen gemahlenen Safran unter die verquirlten Eier mischen. Oder etwa 10 Safranfäden in 1 EL warmem Wasser auflösen und unterrühren. Ebenfalls schön gelb werden die Nudeln, wenn Sie 1/2 TL Kurkumapulver unter den Teig mischen, das ist erheblich preiswerter als mit Safran.

Pilznudeln

Grundlage ist der Nudelteig mit Ei (Rezept Seite 19). 10 g feingehackte getrocknete Steinpilze am besten schon unter das Mehl mischen. Pilznudeln unterscheiden sich kaum durch die Farbe von herkömmlichen Nudeln. Sie zeichnen sich durch eine zusätzliche Geschmackskomponente aus. Wer möchte, mischt außerdem 1 TL gehackte Kräuter, zum Beispiel Thymian unter den Teig.

Chilinudeln

Grundlage für die sehr scharfen Chilinudeln ist der Nudelteig mit Ei (Rezept Seite 19). Etwa 3 fein zerstoßene getrocknete Chilischoten oder 1/4 TL Cayennepfeffer bereits unter das Mehl mischen. Wer außer Schärfe auch noch Farbe wünscht, färbt zusätzlich, wie oben angegeben, mit Tomatenmark.

Tip: Für alle Rezepte, bei denen die färbenden Zugaben mit Wasser gemischt werden, dürfen die Eier nicht zu groß sein, sonst wird der Teig zu weich. Falls Sie große Eier haben, verwenden Sie nur 2 ganze Eier und 1 Eigelb.

NUDELTEIG IN FORM GEBRACHT

So gelingt's:

- Den vorbereiteten Teig nach der Ruhephase zunächst nochmals kneten, dann ausrollen und in die gewünschte Form bringen.

- Wenn Sie häufig frische Pasta selbst zubereiten, lohnt sich die Anschaffung einer **Nudelmaschine.** Sie bietet erhebliche Erleichterung beim Ausrollen des Teigs und beim Schneiden der Nudeln. Einfache Modelle mit Handkurbel und verschiedenen Einsätzen sind praktisch in der Handhabung und kosten kein Vermögen. Es gibt auch elektrisch betriebene Maschinen, die allerdings sehr teuer sind. In diese geben Sie nur die Zutaten hinein, die Maschine knetet den Teig und formt die Pasta anschließend.

- Ob Sie den Teig nun mit der Maschine weiterverarbeiten oder mit dem Nudelholz ausrollen, teilen Sie Ihn auf jeden Fall in 2–3 Portionen. Während die eine Portion bearbeitet wird, sollte der restliche Teig mit einem feuchten Tuch bedeckt sein oder nochmals in Klarsichtfolie gewickelt werden, damit er nicht austrocknet.

- Nach dem Schneiden die Nudeln auf bemehlte Küchentücher legen und nach Belieben antrocknen lassen.

- Eine Schritt-für-Schritt-Anleitung für die italienische Nudelspezialität »Maltagliati« finden Sie neben dem Rezept auf Seite 55.

Teig ausrollen mit der Maschine

Den Teig in Portionen teilen und leicht mit Mehl bestäuben. Stellen Sie die Walzen der Nudelmaschine auf den größtmöglichen Abstand ein. Dann drehen Sie die leicht bemehlte Teigportion mehrmals durch die Maschine. Hierbei schlagen Sie die Teigplatte immer wieder von beiden Längsseiten nach innen zu einem Quadrat ein und drehen dieses erneut durch die Maschine. Ist der Teig schön glatt und geschmeidig, stellen Sie den Walzenabstand nach jedem Durchdrehen enger ein, so daß der Teig dünner und länger wird. Ideal sind etwa 2 mm dünne Teigplatten.

Sie können dann die Platte mit der entsprechenden Schnittwalze in Nudeln der gewünschten Breite, zum Beispiel Bandnudeln oder Spaghetti, schneiden.

Teig ausrollen mit dem Nudelholz

Die Arbeitsfläche und die etwa faustgroße Teigportion mit Mehl bestäuben, damit der Teig nicht am Holz kleben bleibt. Den Teig nochmals durchkneten und dann so lange ausrollen, bis er etwa 2 mm dünn ist. Danach kann er in beliebige Formen geschnitten werden.

Nudeln vorbereiten:

Sie können Nudeln schon Stunden vor dem Servieren vorbereiten, z. B. wenn Gäste kommen. Lassen Sie sie auf bemehlten Küchentüchern ausgebreitet trocknen. Nudeln gelegentlich wenden. Beachten Sie, daß sich bei getrockneten Nudeln die Garzeit verlängert. Gefüllte Nudeln können Sie ebenfalls vorher vorbereiten. Bewahren Sie die selbstgemachten Tortellini, Ravioli und Co. mit Frischhaltefolie bedeckt im Kühlschrank auf. Am besten bereiten Sie gleich die doppelte Menge an gefüllten Teigtaschen vor und gefrieren die Hälfte ein. Die tiefgefrorenen Nudeltaschen einfach ins kochende Wasser geben.

Lasagne und Cannelloni

Arbeitsgeräte:
Eine Nudelmaschine oder ein Nudelholz und ein scharfes Messer

So wird's gemacht:
Teig dünn ausrollen. Die Teigplatten werden zu Streifen von 8–10 cm Breite geschnitten. Diese können Sie dann in rechteckige oder quadratische Lasagneplatten schneiden.

Für Cannelloni Rechtecke mit einer Seitenlänge von 6 x 10 cm schneiden. Die Rechtecke dürfen auch kleiner oder größer sein – je nach gewünschter Cannellonigröße. Die Rechtecke mit Füllung belegen und aufrollen.

Tip: Die Maße der Rechtecke bzw. Quadrate für Lasagneplatten und Cannelloni können Sie beliebig wählen und der Größe Ihrer Backform anpassen.

NUDELTEIG IN FORM GEBRACHT

Bandnudeln

Arbeitsgeräte:
Eine Nudelmaschine oder ein Nudelholz und ein scharfes, schweres Messer

So wird's gemacht:
Teig dünn ausrollen. Nun die Teigplatte mit der entsprechenden Schnittwalze der Nudelmaschine zu Bandnudeln schneiden. Dabei die schon geschnittenen Nudeln mit der Hand auffangen, damit sie sich nicht verwirren. Oder bestäuben Sie die dünn ausgewellte Teigplatte leicht mit Mehl. Nun rollen Sie die Platte locker auf und schneiden mit dem Messer Streifen der gewünschten Breite. Die einzelnen Nudeln dann auseinanderrollen und auf dem bemehlten Tuch trocknen lassen.

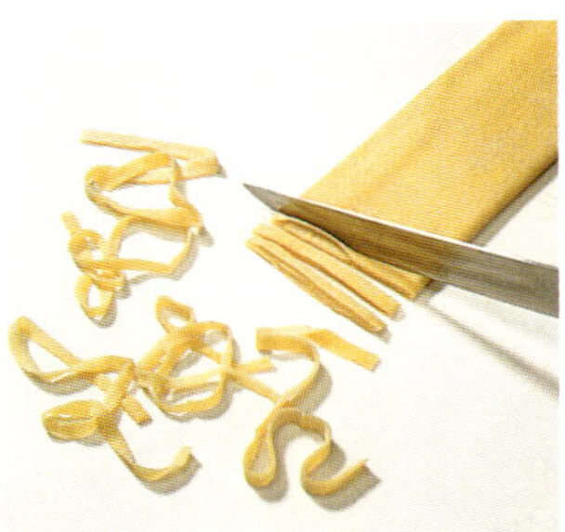

Die **Breite der einzelnen Nudelstreifen** variiert in Italien von Region zu Region. Folgende Angaben sind Mittelwerte.
Papardelle, die breiten Bandnudeln: 2–3 cm
Fettuccine, die mittelbreiten: 1 cm
Tagliatelle, die mittelbreiten: 5 mm
Linguine, die schmalen: 2–3 mm

Tip: Es ist wichtig, daß der Teig locker aufgerollt wird. Er darf keinesfalls zu sehr gedrückt werden, sonst kleben die Nudeln anschließend.

Fusilli

Arbeitsgeräte:
Eine Nudelmaschine oder ein Nudelholz, ein scharfes Messer, ein Holzkochlöffel

So wird's gemacht:
Teig dünn ausrollen. Teigplatte in etwa 2 mm breite und 8 cm lange Streifen schneiden.

Den Stiel des Kochlöffels oder ein beliebiges rundes Stäbchen mit Mehl bestäuben. Jeden Teigstreifen spiralförmig um Stiel oder Stäbchen rollen, dann das Holz vorsichtig herausziehen.

Tip: Fusilli benötigen eine längere Trockenzeit. Sie sollten mindestens 2 Stunden auf einem mit Mehl bestäubten Küchentuch trocknen.

Orecchiette

Arbeitsgerät:
Ein scharfes Messer

So wird's gemacht:
Aus dem Nudelteig etwa 1 1/2 cm dicke Rollen formen und davon 1/2 cm breite Scheiben abschneiden.

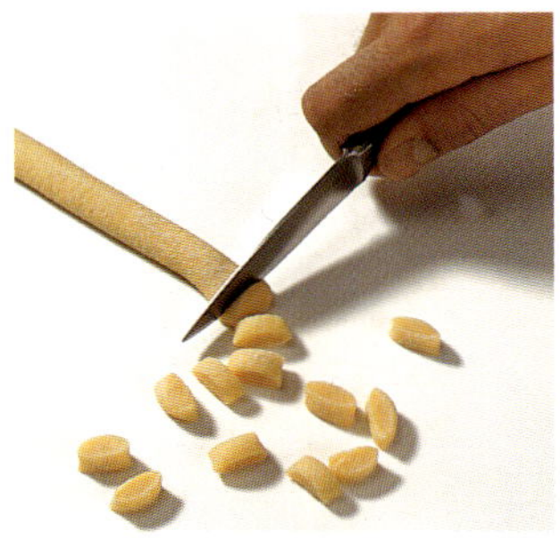

Diese mit dem bemehlten Daumen so auf die ebenfalls bemehlte Arbeitsfläche drücken, daß Öhrchen entstehen.

Diese Öhrchen mindestens 1/2 Stunde trocknen lassen.

Schmetterlinge

Arbeitsgeräte:
Eine Nudelmaschine oder ein Nudelholz, ein gewelltes Teigrädchen

So wird's gemacht:
Teig dünn ausrollen. Die Teigplatte mit dem Rädchen zu Rechtecken von beliebiger Größe schneiden.

Damit die Schnittkanten gerade werden, nehmen Sie am besten ein Lineal zur Hilfe. Die Rechtecke mit bemehlten Fingern in der Mitte zusammendrücken, so daß eine Schmetterlingsform entsteht.

Info: Schmetterlinge oder Schleifchen werden in Italien Farfalle genannt. Besonders hübsch sehen sie mit gefärbtem Nudelteig aus.

Gefüllte Teigtaschen

Außen ein zarter Eiernudelteig, innen eine saftige, aromatische Füllung – das ist buchstäblich ein doppelter Genuß. Die Zubereitung von Ravioli, Tortellini und Co. erfordert ein wenig Geschick und auch Zeit, aber die Mühe lohnt sich. Mit flüssiger Butter oder einer leichten Sauce serviert, sind gefüllte Teigtaschen nicht nur das Glanzlicht der italienischen Pastaküche. Auch in Asien gelten Nudeltaschen mit pikanter Füllung als Delikatesse. Und in deutschen Landen sind Maultaschen bei großen und kleinen Genießern beliebt. Ob mit fernöstlicher oder italienischer Füllung: Teigtäschchen können Sie mit den folgenden Anleitungen und ein wenig Fingerspitzengefühl problemlos zubereiten.

So gelingen Teigtaschen perfekt

- Je dünner der Teig ausgerollt ist, desto feiner schmecken Ravioli und Co. Die Teigplatte sollte höchstens 2–3 mm dick sein. Ist der Teig zu dick, kommt die Füllung nicht zur Geltung.

- Wenn Sie mit dem Ausrollen des Teigs beginnen, sollten Füllung und Arbeitsgeräte schon bereitstehen.

- Beachten Sie: Asiatische Teigtaschen werden häufig nicht wie die italienischen in kochendem Wasser oder Brühe gegart, sondern gedämpft.

- Der Teig darf beim Füllen auf keinen Fall zu trocken sein. Eventuell die Teigplatten vor dem Füllen mit Wasser bepinseln.

- Geben Sie nicht zu viel Füllung auf den Teig, sonst quillt sie heraus.

- Teigtäschchen müssen nicht immer rund oder viereckig sein. Überraschen Sie Ihre(n) Liebe(n) mit Ravioli in Herzchenform. Oder stechen Sie Teigtäschchen mit einer herzhaften Pilzfüllung in Pilzform aus. Hier sind Ihrer Fantasie keine Grenzen gesetzt!

- Wie besondere Nudelspezialitäten mit Füllung zubereitet und geformt werden, lesen Sie mit Schritt-für-Schritt-Anleitung beim jeweiligen Rezept: Sie finden chinesische Wan-Tan auf S. 37, italienische Basilikumnudeln auf S. 61, süddeutsche Maultaschen auf S. 105, italienische Tortellini auf S. 113 und chinesische Dim Sum auf S. 118.

Kleines Handwerkszeug

Teigrädchen:
Zacken sorgen dafür, daß sich die Teigränder besser verbinden. Außerdem sehen Teigtaschen mit Zackenrand einfach besonders hübsch aus. Ein Pizzaschneider kann als Ersatz dienen, er hat aber keine Zacken.

Teigroller:
Das sind zwei Teigrädchen, die mit einem Griff verbunden sind. Mit dem kleinen Spezialgerät rollern Sie Teigplatten im Nu in gleichgroße Quadrate. Sie bekommen Teigroller mit oder ohne Zackenrand hierzulande nur in guten Küchenläden, in Italien auch auf Märkten oder in Haushaltswarengeschäften. Vielleicht bringen Sie sich einen Teigroller als Souvenir aus dem Italienurlaub mit.

Runde Ausstecher:
In Haushaltswarengeschäften und Küchenläden finden Sie runde Ausstecher mit und ohne Zackenrand. Praktisch: Ausstecher mit Griff, die gut in der Hand liegen. Als Ersatz können Sie auch Backformen nehmen oder ein nicht zu dickwandiges Glas.

Nudelholz:
Bei der Zubereitung von Teigtaschen ist es besonders wichtig, da der Teig sehr dünn ausgerollt werden muß. Empfehlenswert: Das klassische Rollholz aus Italien, das keine Griffe besitzt. Es überträgt die Kraft beim Ausrollen direkt und gleichmäßig auf den Teig. Natürlich leistet auch das klassische Nudelholz mit Griffen gute Dienste.

Bleche mit Vertiefungen:
Die finden Sie in Haushaltswarengeschäften, Küchenläden und manchmal auch italienischen Feinkostgeschäften. Oder Sie bringen sie aus dem Italienurlaub mit. Die Formen kosten nicht die Welt und erleichtern die Arbeit beim Raviolimachen erheblich.

Und so wird´s gemacht:
Das Blech wird mit einer passend geschnittenen Teigplatte ausgelegt und an den Vertiefungen eingedrückt. In die Vertiefungen kommt die Füllung.

Dann die zweite Teigplatte darüber legen und mit dem Nudelholz darüber rollen.

Anschließend die fertigen Teigtaschen herausklopfen.

NUDELN, DIE ES IN SICH HABEN

Quadrate

Arbeitsgeräte:
Ein scharfes Messer oder ein Teigrädchen und ein Nudelholz.

So wird's gemacht:
Teig zu zwei Teigplatten dünn ausrollen. Eine Teigplatte im Abstand von 3–5 cm mit je 1/2–1 Teelöffel Füllung belegen. Ist die Füllung fest, kann sie mit den Händen zu kleinen Bällchen geformt werden. Die zweite Teigplatte vorsichtig darüberlegen.

Dann die beiden Teigplatten mit den Händen um die Füllungen herum zusammendrücken. Die Teigtaschen nun mit dem Messer oder dem Teigrädchen ausschneiden.

Falls Sie den Teig mit dem Messer geschnitten haben, sollten Sie die Ränder nochmals mit einer Gabel fest andrücken, damit die Füllung später nicht herausquillt.

Rechtecke und Dreiecke

Arbeitsgerät:
Ein Teigrädchen und ein Nudelholz.

So wird's gemacht:
Teig dünn ausrollen. Rechtecke mit dem Teigrädchen ausradeln. Auf jeweils eine Hälfte des Rechtecks die Füllung geben. (Wenn Sie ein gutes Augenmaß haben, können Sie auch zuerst die Füllung in gleichmäßigen Abständen verteilen, und dann den Teig ausrädeln).

Die Ränder mit Wasser befeuchten. Das Rechteck umklappen und an den Rändern fest andrücken.

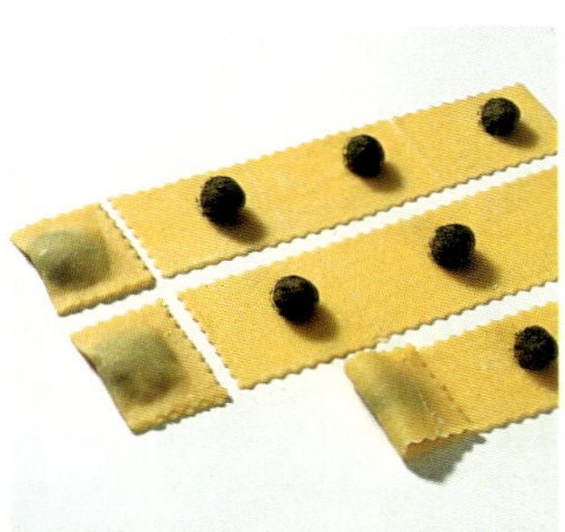

Für dreieckige Teigtäschchen Quadrate ausrädeln. Jeweils etwas Füllung in die Mitte geben, die Ränder mit Wasser befeuchten. Die Quadrate zu Dreiecken zusammenlegen, dabei die Ränder fest andrücken. Mit Kräutern gefüllte Dreiecke sind eine Spezialität aus Ligurien und heißen Pansoòti.

Kreise und Halbmonde

Arbeitsgeräte:
Runde Ausstechform oder ein Glas mit einem Durchmesser von 6–7 cm und ein Nudelholz.

So wird's gemacht:
Teig dünn ausrollen. Aus der Teigplatte mit der Ausstechform Kreise ausstechen.

Für runde Teigtäschchen die Hälfte der ausgestochenen Kreise mit Füllung belegen.

Die Ränder anfeuchten und jeweils einen Teigkreis ohne Füllung darüberlegen. Die Ränder fest andrücken.

Oder für die Halbmonde alle Kreise mit Füllung belegen, in der Mitte umklappen und zu Halbmonden zusammenfalten, dann gut zusammendrücken.

Info: Die Halbmonde werden in Italien auch Tortelloni genannt.

Teigbeutelchen

Arbeitsgeräte:
Runde Ausstechform oder ein Glas mit einem Durchmesser von etwa 8 cm und ein Nudelholz.

So wird's gemacht:
Teig dünn ausrollen. Aus der Teigplatte Kreise ausstechen. Auf die Kreise jeweils etwa 1 Teelöffel Füllung geben. Die Kreisränder mit Wasser befeuchten, mit den Fingerspitzen zusammenraffen und locker zusammendrücken, so daß kleine Beutel entstehen. Sie können die Beutelchen nach Belieben noch mit einem Schnittlauchhalm »zubinden«.

SPÄTZLE ZUBEREITEN

Spätzle sind eine Spezialität der schwäbischen Küche. Der Teig ist weicher als der herkömmliche Nudelteig. Er wird nicht ausgerollt, sondern ins Nudelwasser gepreßt oder geschabt. In Schwaben ißt man Spätzle besonders gerne mit Linsen kombiniert.

Spätzleteig

Zutaten für 4 Personen:
400 g Mehl
4 Eier
1 gestrichener TL Salz
etwa 75 ml Wasser

Das Mehl in eine Schüssel geben, in der Mitte eine Mulde formen. Die Eier hineingeben, das Salz und zunächst nur die Hälfte des Wassers dazugeben. Den Teig mit einem Kochlöffel verrühren.

Dann mit dem Kochlöffel oder mit den Knethaken des elektrischen Handrührers den Teig so lange kräftig kneten oder schlagen bis er Blasen wirft. Dabei, je nach Konsistenz des Teiges, das restliche Wasser dazugießen.

Auf jeden Fall soll der Teig glatt, zäh und elastisch aussehen. Die Festigkeit des Teiges richtet sich nach der Methode des Spätzlemachens: Wenn die Spätzle vom Brett geschabt oder durch die Presse gedrückt werden, soll der Teig etwas fester sein und in dicken Tropfen vom Löffel fallen. Werden die Spätzle mit dem Hobel zubereitet, kann der Teig eine Spur flüssiger sein.

Den Spätzleteig etwa 15 Minuten ruhen lassen, damit das Mehl gut ausquellen kann. Danach weiterverarbeiten.

Tip: Das Weizenmehl im Spätzleteig kann problemlos ganz oder zum Teil durch Vollkornmehl ersetzt werden. Bei Spätzleteig aus vollem Korn muß eventuell die Wassermenge erhöht werden.

Spätzle machen

Es gibt drei Methoden, um Spätzle zu machen: Mit Brett und Messer, mit einer Presse oder mit einem Hobel. Bei allen Methoden zunächst das Wasser in einem Topf zum Kochen bringen. Wenn es kocht, 1 EL Salz und 1 EL Öl hineingeben.

Vom Brett schaben

Arbeitsgeräte:
Ein Spezialbrett für Spätzle, das an der Vorderkante spitz zuläuft oder ein normales Holzbrett, ein langes Messer oder eine Palette.

So wird's gemacht:
Das Brett mit kaltem Wasser abspülen, so daß es feucht ist. Den Teig portionsweise dünn auf das Brett streichen. Mit dem Messer oder der Palette dünne Streifen in das kochende Wasser schaben. Ab und zu umrühren.

Mit der Spätzlepresse

Arbeitsgeräte:
Eine Spätzlepresse (ersatzweise eine Kartoffelpresse), ein Messer.

So wird's gemacht:
Die Presse mit kaltem Wasser abspülen. Den Teig einfüllen und über dem Kochtopf in das kochende Wasser drücken. Die durchgedrückten Spätzle mit einem Messer von der Presse trennen. Spätzle umrühren.

Mit dem Hobel

Arbeitsgerät:
Spätzlehobel

So wird's gemacht:
Spätzlehobel mit kaltem Wasser abspülen. Den Teig über einer Schüssel in den rechteckigen Behälter füllen. Auf keinen Fall über dem kochenden Wasser einfüllen, sonst verkleben die Löcher des Hobels. Den Hobel auf den Topf legen und durch Hin- und Herschieben des »Schlittens« die Spätzle hobeln. Hierbei tropft der Teig durch die Löcher und wird durch das Schieben immer wieder abgetrennt. Gehobelte Spätzle sind klein und kurz.

Tip: Die Spätzle sind gar, wenn sie an der Oberfläche schwimmen. Dann werden sie mit dem Schaumlöffel herausgehoben. Die Spätzle eventuell nach dem Herausheben in warmem Salzwasser schwenken, dann kleben sie nicht zusammen. Anschließend gut abtropfen lassen, warmstellen und je nach Rezept weiterverarbeiten.

NUDELN RICHTIG KOCHEN

Sie sollten die Nudeln immer erst im letzten Moment kochen. Die wichtigste Pastaregel lautet: Die Gäste müssen auf die Nudeln warten und nicht umgekehrt.

Das brauchen Sie:

Zwei Dinge brauchen Sie auf jeden Fall, um Nudeln perfekt zu kochen: Einen ausreichend großen Topf mit mindestens 6 Liter Inhalt und ein Sieb zum Abtropfen. Es gibt spezielle Pastatöpfe zu kaufen, die bereits einen Siebeinsatz haben, in dem man die fertiggegarten Nudeln bequem herausheben und abtropfen lassen kann. Aber ein Sieb, in das man die Nudeln nach dem Garen abschüttet, ist ebenso gut. Das Sieb sollte allerdings standfest sein und möglichst viele Löcher haben, damit das Wasser schnell abläuft. Außerdem brauchen Sie eine Holzgabel oder einen Holzlöffel zum Umrühren.

Darauf kommt's beim Kochen an

Rechnen Sie pro 100 g Nudeln mindestens 1 Liter Wasser. Idealerweise ist der Topf so groß, daß er nur zu drei Vierteln gefüllt ist, denn wenn das Wasser zu weit am oberen Rand ist, kocht es leicht über.
Bringen Sie das Wasser zum Kochen und salzen Sie erst dann, sonst dauert es länger.

Pro Liter nimmt man etwa 10 g, das sind 2 gestrichene TL, wenn die Nudeln ungesalzen sind. Bei gesalzenen Nudeln reicht 1 gestrichener TL. Die Zugabe von 1 EL Öl ist nur bei Nudeln, die leicht zusammenkleben wichtig, zum Beispiel bei Lasagneblättern, sonst sollten Sie darauf verzichten.

Die Nudeln auf einmal ins sprudelnd kochende Wasser geben.

Lange Nudeln wie Spaghetti werden am unteren Ende schnell geschmeidig, so daß man den Rest mit der Holzgabel nachschieben kann.

Die Nudeln ohne Deckel sprudelnd kochen lassen. Dabei gelegentlich umrühren, damit sie nicht am Topfboden festkleben und dadurch ungleichmäßig garen. Der Kochvorgang darf nicht unterbrochen werden.

Die richtige Garzeit

Die Nudeln dürfen auf keinen Fall zu weich sein, aber auch nicht zu hart. Die Italiener nennen die ideal gegarten Nudeln »al dente«. Al dente gekochte Nudeln haben noch etwas Biß.

Die Garzeiten sind sehr unterschiedlich, je nachdem, ob es sich um fertiggekaufte, getrocknete Nudeln oder um selbstgemachte frische Nudeln handelt. Außerdem spielen die Form und die Füllung eine Rolle.

Bei fertiggekauften, getrockneten Nudeln steht die Kochzeit meistens auf der Packung. Dabei handelt es sich immer um ungefähre Angaben. Auf jeden Fall sollten Sie schon 1 Minute vor der angegebenen Kochzeit eine Nudel probieren.

Frische Nudeln benötigen eine wesentlich kürzere Garzeit. Sie kann zwischen 1 und 4 Minuten liegen, je nachdem wie lange die Nudeln getrocknet wurden und um welche Sorte es sich handelt. Das bedeutet, daß Sie schon nach kurzer Zeit probieren müssen. Bei gefüllten Nudeln richten Sie sich nach den genauen Angaben im Rezept.

Und so geht's nach dem Kochen weiter

Wenn die Nudeln »al dente« sind, werden sie in einem Sieb abgegossen. Wenn sie als Beilage serviert werden und vor dem Servieren in heißer Butter geschwenkt werden, und wenn sie für Gratins und Aufläufe oder Salate weiterverwendet werden, werden sie unter kaltem Wasser abgekühlt. Ansonsten lassen Sie die Nudeln im Sieb abtropfen und servieren sie sofort mit der entsprechenden Sauce, die eventuell schon untergemischt werden kann. Falls das nicht möglich ist, die Nudeln mit etwas Kochwasser oder Öl gemischt im geschlossenen Topf kurz warm halten.

Tip: Damit die Nudeln im Teller nach dem Servieren nicht so schnell abkühlen, sollten Sie die Teller vorwärmen. Hierfür die Teller in den auf 50° erwärmten Backofen oder in das mit heißem Wasser gefüllte Waschbecken stellen.

SUPPEN UND SALATE

Zutaten für 4 Personen:

1 dünne Stange Lauch
1 junge Möhre
125 g grüne Bohnen
2 Tomaten
1 EL kaltgepreßtes Olivenöl
125 g enthülste dicke Bohnen
1 l Gemüsebrühe
1 Lorbeerblatt
1 Zweig frischer Rosmarin
Meersalz
schwarzer Pfeffer
150 g Weizenkeim- oder Soja-Makkaroni
2–3 Knoblauchzehen
1/2 Bund Basilikum
50 g frisch geriebener Parmesan

Zubereitungszeit: etwa 40 Min.
Pro Portion etwa:
1400 kJ / 330 kcal
20 g EW / 8 g F / 43 g KH

Vollwertig

Gemüsesuppe mit Pistou

Die Gemüse waschen und putzen. Den Lauch längs aufschlitzen, in dünne Streifen, die Möhre in kleine Würfel schneiden. Die grünen Bohnen von den Stielansätzen befreien und einmal quer durchschneiden. Die Tomaten ohne die Stielansätze in sehr kleine Würfel schneiden.

Das Öl in einem Topf bei mittlerer Hitze heiß werden lassen und den Lauch, die grünen Bohnen, die Möhre und die dicken Bohnen darin 4 Min. andünsten. Die Tomatenwürfel 1 Min. mit andünsten. Mit der Brühe aufgießen, das Lorbeerblatt und den Rosmarin dazugeben. Die Suppe salzen, pfeffern und aufkochen lassen. Zugedeckt bei mittlerer Hitze 20 Min. garen.

Die Makkaroni in mundgerechte Stücke brechen und je nach Packungsanleitung in den letzten 6–10 Min. mitkochen. Das Lorbeerblatt und den Rosmarin aus der Suppe entfernen.

Inzwischen das Pistou zubereiten. Dafür den Knoblauch grob zerkleinern. Basilikum waschen. Die Blätter grob zerkleinern und mit dem Knoblauch und dem Parmesan im Mixer oder mit dem Blitzhacker pürieren.

Etwas Suppe mit dem Pistou verrühren und diese Mischung in die Suppe rühren. Die Suppe sofort servieren.

Tip: Verwenden Sie jodiertes Salz. Es wird von der Deutschen Gesellschaft für Ernährung empfohlen, da Deutschland ein Jodmangelgebiet ist. Vollwertköche greifen zu jodiertem Meersalz, weil es neben dem für den salzigen Geschmack verantwortlichen Natriumchlorid noch weitere Mineralstoffe enthält.

Minestrone con pasta

Zutaten für 4 Personen:

200 g getrocknete Borlottibohnen (Feinkostgeschäft)
1 große Zwiebel
1 Knoblauchzehe
250 g rohe Schweineschwarte (beim Metzger vorbestellen)
1 Schinkenknochen mit etwas Fleisch daran (beim Metzger vorbestellen)
1 Zweig frischer Rosmarin
2 EL Olivenöl
Salz · Pfeffer
1 Fleischtomate
1 Möhre
1 Stange Staudensellerie
200 g Tagliatelle (Bandnudeln)
1/2 Chilischote
100 g frisch geriebener Parmesan

Zubereitungszeit: etwa 30 Min. (+ 12 Std. Einweichzeit + 2 1/2 Std. Garzeit)
Pro Portion etwa: 2000 kJ / 480 kcal
27 g EW / 11 g F / 64 g KH

Aus Italien

Die Bohnen über Nacht in reichlich Wasser einweichen, dann abgießen. Die Zwiebel und den Knoblauch hacken und mit den eingeweichten Bohnen, der Schweineschwarte, dem Schinkenknochen und dem Rosmarin in einem großen Topf in 1 EL Olivenöl kurz andünsten. 1 1/2 l Wasser dazugeben, salzen, pfeffern und aufkochen lassen. Alles 1 1/2 Std. bei mittlerer Hitze zugedeckt köcheln lassen.

Inzwischen die Tomate überbrühen, häuten, entkernen und ohne die Stielansätze würfeln. Die Möhre schälen, den Sellerie waschen und putzen, beides würfeln. Die Gemüsewürfel zur Suppe geben. Alles 1 Std. weiterkochen lassen.

Den Rosmarinzweig, die Schwarte und den Schinkenknochen herausnehmen. Das Schinkenfleisch vom Knochen lösen, kleinschneiden und zur Suppe geben. Die Tagliatelle hinzufügen und nach Packungsanleitung in der Suppe bißfest kochen. Die Chilischote putzen, entkernen, waschen und hacken, zur Suppe geben. Suppe mit Salz und Pfeffer abschmecken, mit dem Parmesan bestreuen und mit 1 EL Olivenöl beträufeln.

Tip: Lassen Sie einen großen Schinkenknochen beim Metzger einmal durchsägen. So paßt er besser in den Topf. Wenn nur wenig Fleisch am Knochen ist, kochen Sie 200 g kleingewürfelten Schinken oder Räucherspeck mit.

Zutaten für 4 Personen:
1 küchenfertiges Huhn (etwa 1,3 kg)
400 g Suppenknochen
Salz
1 Zwiebel
1 Lorbeerblatt
1 Gewürznelke
2–3 Zweige frische Petersilie
1 kleiner Knollensellerie
1 Kohlrabi
2 Möhren
1 kleiner Wirsing
1 Stange Lauch
150 g Bandnudeln
Pfeffer
frisch geriebene Muskatnuß

Zubereitungszeit: etwa 40 Min. (+ 2 1/2 Std. Garzeit)
Pro Portion etwa: 2700 kJ / 640 kcal
61 g EW / 25 g F / 40 g KH

Läßt sich gut vorbereiten

Nudelsuppe mit Huhn und Gemüse

In einem großen Topf reichlich Wasser aufkochen lassen. Das Huhn waschen, trockentupfen und von überflüssigem Fett befreien. Die Knochen waschen. Das Huhn und die Suppenknochen ins sprudelnde Wasser geben und 5–10 Min. vorkochen. Das Wasser abschäumen und abgießen.

2 l frisches Salzwasser aufkochen lassen. Die Zwiebel mit dem Lorbeerblatt und der Gewürznelke spicken und mit dem Huhn, den Knochen und der Petersilie ins sprudelnde Salzwasser geben. Zugedeckt 2 1/2 Std. bei schwacher bis mittlerer Hitze kochen.

Inzwischen die Gemüse waschen und putzen. Den Sellerie und den Kohlrabi schälen und in Würfel schneiden. Die Möhren schälen und in Scheiben schneiden. Die Wirsingblätter von den harten Stielen abstreifen, vierteln und in schmale Streifen, den Lauch in Ringe schneiden.

Huhn, Knochen, Zwiebel und Petersilie aus der Suppe nehmen. Die Suppe durchsieben und erneut aufkochen lassen. Das kleingeschnittene Gemüse dazugeben und 20 Min. bei mittlerer Hitze kochen. Die Nudeln je nach Packungsanleitung in den letzten 6–10 Min. mitkochen lassen. Inzwischen das Hühnerfleisch vom Knochen lösen, klein würfeln und ebenfalls zur Suppe geben. Alles mit Salz, Pfeffer und Muskat abschmecken.

Zutaten für 4 Personen:

250 g vorwiegend festkochende Kartoffeln
1 große Möhre
1 kleine Pastinake
1 Kohlrabi
1 l kräftige Gemüsebrühe
Salz
100 g Buchstaben-Suppennudeln
weißer Pfeffer
1/2 Bund glatte Petersilie

Zubereitungszeit: etwa 40 Min.
Pro Portion etwa:
680 kJ / 160 kcal
6 g EW / 1 g F / 32 g KH

Vegetarisch

Buchstabensuppe mit Gemüsekugeln

Die Kartoffeln schälen und waschen. Die Möhre und die Pastinake waschen, putzen und schälen, den Kohlrabi schälen.

Mit einem Kugelausstecher aus den Kartoffeln, der Möhre, der Pastinake und dem Kohlrabi das Fruchtfleisch in Kugelform ausstechen. Restliches Fruchtfleisch sehr klein würfeln und mitverwenden oder für ein anderes Gericht zugedeckt kalt stellen.

Die Brühe in einem Topf aufkochen lassen. Die Gemüsekugeln und eventuell die Gemüsewürfel darin zugedeckt bei mittlerer Hitze in 10–15 Min. bißfest garen.

Inzwischen etwa 1 l Salzwasser aufkochen. Die Nudeln darin nach Packungsanleitung bißfest kochen, in ein Sieb abgießen, kalt überbrausen und abtropfen lassen.

Die Nudeln in die Brühe rühren, diese mit Salz und Pfeffer abschmecken. Die Petersilie waschen und hacken, zum Servieren über die Suppe streuen.

Variante:
Suppe mit Wurstbällchen

Wenn Sie die Buchstabensuppe, die Kindern sehr gut schmeckt, mit Fleisch ergänzen möchten, drücken Sie das Brät von 2 groben Bratwürsten aus der Haut. Brät zu Bällchen formen und mit den Gemüsekugeln in der Brühe garen.

Tips: Die kalorienarme Suppe eignet sich ausgezeichnet als leichte Vorspeise oder kleine, gesunde Mahlzeit während einer Schlankheitskur.

Noch einfacher:
Die Suppennudeln direkt in der Brühe mitgaren. Den richtigen Zeitpunkt dafür müssen Sie allerdings selbst bestimmen – je nachdem, wie bißfest Sie die Gemüsekugeln wünschen.

Asiatische Nudelsuppe mit Chinakohl

Zutaten für 4 Personen:

- 200 g Chinakohl
- 1 Möhre · 1 Knoblauchzehe
- 1 Frühlingszwiebel
- 50 g Erdnußkerne
- Meersalz
- 150 g Sobanudeln (japanische Buchweizennudeln, Asienladen)
- 2 EL Sonnenblumenöl
- 1 TL frisch geriebener Ingwer
- 1 l Gemüsebrühe
- 1 EL Sojasauce
- Pfeffer
- 100 g frische Sojabohnensprossen

Zubereitungszeit: etwa 40 Min.
Pro Portion etwa:
1100 kJ / 260 kcal
10 g EW / 12 g F / 33 g KH

Vollwertig

Das Gemüse waschen und putzen. Den Kohl in Streifen, die Möhre in Scheiben schneiden. Den Knoblauch und die Frühlingszwiebel hacken. Die Erdnußkerne mit der braunen Haut in einer Pfanne ohne Fett bei mittlerer Hitze rösten, bis sie duften. Von der braunen Haut befreien und hacken.

Inzwischen reichlich Salzwasser aufkochen lassen. Die Nudeln in kurze Stücke brechen und im Salzwasser nach Packungsanleitung kochen.

Das Öl in einem Topf bei mittlerer Hitze erhitzen. Den Knoblauch, die Frühlingszwiebel und den Ingwer darin andünsten. Die Brühe dazugießen und aufkochen lassen. Den Kohl und die Möhrenscheiben 2–4 Min. darin garen. Mit der Sojasauce, Salz und Pfeffer abschmecken.

Die Sprossen in ein Sieb geben. Die Nudeln mit dem Salzwasser darüber abgießen. Nudeln und Sprossen in die Suppe rühren und mit den Erdnüssen bestreuen.

Eiernudelsuppe mit Kabeljau

Zutaten für 4 Personen:

- 15 g getrocknete Shiitakepilze (Tongupilze, Asienladen)
- 3 Frühlingszwiebeln
- 50 g frische Sojabohnensprossen
- 150 g Kabeljaufilet
- 1 EL Reisessig (Asienladen)
- Salz · weißer Pfeffer
- 1 l Gemüsebrühe
- 3 EL Sojasauce
- 1 TL gemahlener Ingwer
- 60 g chinesische Instant-Eiernudeln (Asienladen)

Zubereitungszeit: etwa 30 Min.
Pro Portion etwa:
410 kJ / 98 kcal
9 g EW / 1 g F / 12 g KH

Aus China

Die Shiitakepilze mit heißem Wasser übergießen und 10–15 Min. quellen lassen. Inzwischen die Frühlingszwiebeln waschen, putzen und in schräge Ringe schneiden. Die Sojabohnensprossen in einem Sieb mit kaltem Wasser abspülen.

Das Kabeljaufilet schnetzeln. In einer Schüssel mit Reisessig beträufeln, mit Salz und Pfeffer würzen. Die Pilze abtropfen lassen und in Streifen schneiden.

Die Brühe aufkochen lassen, mit Sojasauce und Ingwer würzen. Das Gemüse darin offen 5 Min. kochen lassen. Den Fisch und die Nudeln dazugeben, alles noch 3 Min. leicht köcheln lassen.

Marokkanische Gemüsesuppe

Zutaten für 4 Personen:

1 1/2 l Hühnerbrühe
1 EL Olivenöl
500 g Hühnerklein
3 mittelgroße Möhren
100 g Lauch
100 g Knollensellerie
2 Knoblauchzehen
250 g Tomaten
2 EL Tomatenmark
100 g Reisnudeln (Asienladen, ersatzweise kleine Suppennudeln)
je 1/2 TL Korianderkörner und Kreuzkümmel
1 Kardamomkapsel (nur die schwarzen Kerne)
1 getrocknete Chilischote
1 Gewürznelke
je 1/4 TL Zimtpulver und Kurkuma
frisch geriebene Muskatnuß
Salz · schwarzer Pfeffer

Zubereitungszeit: etwa 1 Std. 10 Min.
Pro Portion etwa:
1500 kJ / 360 kcal
29 g EW / 15 g F / 29 g KH

Gelingt leicht

Brühe mit Olivenöl erhitzen, das Hühnerklein dazugeben und 10 Min. leicht köcheln lassen.

Inzwischen das Gemüse putzen, waschen, schälen und in kleine Würfel schneiden, den Knoblauch hacken. Die Tomaten überbrühen, häuten und würfeln, dabei die Stielansätze entfernen. Das Gemüse zur Brühe geben und 40 Min. zugedeckt bei schwacher Hitze garen.

Die Geflügelteile aus der Suppe nehmen, häuten, das Fleisch von den Knochen lösen und kleinschneiden, zur Seite stellen. Tomatenmark und Reisnudeln in die Suppe rühren, je nach Packungsanleitung 5–10 Min. mitkochen lassen.

Inzwischen Koriander, Kreuzkümmel, Kardamom, die Chilischote und die Gewürznelke im Mörser zerstoßen, mit dem Fleisch, Zimt, Kurkuma und Muskat 2–3 Min. vor Ende der Garzeit in die Suppe rühren und mitkochen lassen. Suppe mit Salz und Pfeffer abschmecken und servieren.

Tip: Statt Hühnerklein kann man Hähnchenkeulen nehmen, etwa 150 g gegartes Fleisch für die Suppe ablösen und den Rest für einen Geflügelsalat verwenden.

Info: Während des islamischen Fastenmonats Ramadan darf die erste Mahlzeit erst nach Sonnenuntergang gegessen werden. Sie beginnt meist mit einer kräftigen Suppe. Die marokkanische Gemüsesuppe wird auch Harira genannt.

Wan-Tans mit Geflügelfüllung

Zutaten für 4 Personen:

Für den Teig:
150 g Mehl
(+ Mehl für die Arbeitsfläche)
1 Eiweiß
Salz
1/2 TL heller Essig (z. B. Reisessig oder Weißweinessig)
Für die Füllung:
3 getrocknete chinesische Pilze (Mu-Err)
125 g Hähnchenbrustfilet
50 g Wasserkastanien (aus der Dose) oder Macadamia-Nüsse (Asienladen)
50 g Bambusschößlinge (aus der Dose)
1 Frühlingszwiebel
15 g frischer Ingwer
1 TL helle Sojasauce
2 TL Reiswein (oder Sherry dry) nach Belieben
Salz · Pfeffer
Für die Brühe:
1 l leichter Geflügelfond (1/2 l Fond aus dem Glas mit 1/2 l Wasser verdünnt)
1 rote Chilischote
1 TL Korianderkörner
1 TL brauner Zucker
1 TL Essig

Zubereitungszeit:
etwa 1 Std. 20 Min.
Pro Portion etwa:
840 kJ / 200 kcal
12 g EW / 1 g F / 37 g KH

Aus China

Aus dem Mehl, dem Eiweiß, Salz, dem Essig und 3–4 EL Wasser einen Nudelteig herstellen (siehe Seite 19). Den Teig kräftig durchkneten. In Folie wickeln oder mit einem feuchten Tuch bedecken und 20 Min. ruhen lassen.

Inzwischen für die Füllung die Pilze 20 Min. in 1 Tasse heißem Wasser einweichen. Das Hähnchenbrustfilet würfeln und im Mixer kurz pürieren. Die Wasserkastanien oder Macadamia-Nüsse und Bambusschößlinge abtropfen lassen und in sehr kleine Würfel schneiden. Die Frühlingszwiebel waschen, den grünen Teil in feine Ringe schneiden und beiseite stellen, den weißen Teil fein hacken. Ingwer schälen und sehr fein würfeln.

Die Pilze aus dem Wasser nehmen, Stiele abschneiden, die Hüte fein hacken. Die gehackte Frühlingszwiebel, Ingwer und Pilze mit der Hähnchenmasse, den Wasserkastanien und den Bambusschößlingen vermischen, mit Sojasauce, Reiswein oder Sherry, Salz und Pfeffer würzen.

Den Nudelteig mit dem Nudelholz auf einer bemehlten Arbeitsfläche hauchdünn ausrollen. In etwa 9 cm große Quadrate schneiden, jeweils 1 TL Füllung in die Mitte geben, die Teigränder mit Wasser bepinseln und den Teig zu einer fingerdicken Rolle aufwickeln. Die Rollenenden fest andrücken, mit Wasser bepinseln und zusammenführen, so daß die Teigspitzen aufeinanderliegen. Enden fest zusammendrücken.

Den Geflügelfond aufkochen lassen. Die Wan-Tans darin portionsweise bei mittlerer Hitze 7 Min. köcheln lassen, fertige herausheben und im Ofen bei 50° zugedeckt warm stellen.

Danach die Brühe um ein Drittel einkochen lassen. Die Chilischote aufschlitzen, putzen, entkernen, waschen und in sehr kleine Würfel schneiden. Korianderkörner im Mörser zerstoßen, beides mit Zucker und Essig in den Sud rühren und noch 5 Min. kochen.

Die Wan-Tans in tiefe Teller verteilen und mit der heißen Brühe übergießen. Mit den Frühlingszwiebelringen bestreut servieren.

Variante:
Wan-Tans mit Fleischfüllung

Statt Hühnerbrustfilet 125 g Schweineschnitzel würfeln und im Mixer pürieren. Statt Mu-Err Pilzen weichen Sie etwa 20 g getrocknete Shiitake-Pilze (Tongupilze) ein. Pilze fein hacken und mit der Fleischmasse und den übrigen Zutaten mischen. Garen Sie die Wan-Tans mit Fleischfüllung in 1 l Gemüsebrühe.

Tip: Wenn Sie die Suppe abends servieren möchten, können Sie die Teigtäschchen schon morgens zubereiten. Da die Wan-Tans frisches Fleisch enthalten, sollten Sie sie aber bis zum Garen unbedingt kühl stellen. Wan-Tans nebeneinander auf ein bemehltes Tablett legen, mit Folie abdecken und im Kühlschrank aufbewahren.

Die Arbeitsfläche mit Mehl bestäuben. Den Teig darauf hauchdünn ausrollen und in etwa 9 cm große Quadrate schneiden.

Jeweils 1 TL Füllung auf ein Teigquadrat geben. Die Ränder mit Wasser bepinseln und das Quadrat mit Füllung aufrollen.

Die Rollenenden fest andrücken, mit Wasser bepinseln, zusammenführen und fest aufeinanderdrücken.

Zutaten für 4 Personen:

2–3 EL Limettensaft (oder Zitronensaft)
Meersalz
1 Prise Cayennepfeffer
1 TL Senfpulver
1/4 l Gemüsebrühe
2 EL kaltgepreßtes Olivenöl
2 EL frisch gehacktes Basilikum
2 EL frisch gehackte Petersilie
250 g gegarte, gemischte Meeresfrüchte (Fischgeschäft)
250 g Broccoli oder Romanesco
250 g Zucchini
400 g Vollkorn-Spiralnudeln
12 schwarze Oliven
1 rote Zwiebel
3 feste reife Tomaten
12 Basilikumblätter
schwarzer Pfeffer

Zubereitungszeit: etwa 45 Min.
Pro Portion etwa:
2100 kJ / 500 kcal
27 g EW / 12 g F / 73 g KH

Vollwertig

Meeresfrüchte-Nudel-Salat

Für die Vinaigrette 2 EL Limettensaft mit Salz, Cayennepfeffer, Senfpulver, 1 EL Brühe, dem Öl, dem frischgehackten Basilikum und der Petersilie vermischen. Die Meeresfrüchte mit der Vinaigrette vermischen und kalt stellen.

Die restliche Brühe aufkochen lassen. Das Gemüse waschen und putzen. Den Broccoli oder Romanesco in Röschen teilen und 5 Min. in der Brühe garen. Die Zucchini längs halbieren, in dünne Scheiben schneiden und 1 Min. mitgaren. Das Gemüse in ein Sieb abgießen, die Brühe auffangen.

Inzwischen reichlich Salzwasser aufkochen lassen. Die Nudeln darin nach Packungsanleitung bißfest kochen, in ein Sieb abgießen, 1–2 Min. unter kaltem Wasser abkühlen, abtropfen lassen.

Die Oliven entsteinen und in Streifen schneiden. Die Zwiebel hacken. Die Tomaten waschen, von den Stielansätzen befreien und in kleine Würfel schneiden. Die Basilikumblätter waschen. Alles zu den Meeresfrüchten geben. Das Gemüse und die Nudeln unterheben. Mit Salz, Pfeffer und nach Belieben etwas Brühe und Limettensaft abschmecken.

Tip: Wenn Sie beim Fischhändler keine gemischten Meeresfrüchte bekommen, können Sie auch nur gegarte und geschälte Garnelen nehmen.

Lassen Sie sich dazu eine Weinschorle schmecken.

Zutaten für 4 Personen:

1 dicke Stange Lauch
1 großer Zucchino
1 große Möhre
Salz · 125 g Bandnudeln
125 g milder Edelpilzkäse (z. B. Cambozola)
200 g Vollmilch-Joghurt
4 EL Olivenöl
schwarzer Pfeffer
4 EL Walnußkerne

Zubereitungszeit: etwa 45 Min.
Pro Portion etwa:
1800 kJ / 430 kcal
14 g EW / 30 g F / 30 g KH

Für Gäste

Bandnudelsalat mit Gemüsestreifen

Lauch, Zucchino und Möhre waschen und putzen. Zucchino und Möhre längs in dünne Scheiben hobeln, dann mit dem Lauch in bandnudelbreite Streifen schneiden. Inzwischen reichlich Wasser aufkochen lassen. Das Gemüse hineingeben, 5 Min. blanchieren, eiskalt abschrecken und sehr gut abtropfen lassen.

Reichlich Salzwasser aufkochen lassen. Die Bandnudeln darin nach Packungsanleitung bißfest kochen, in ein Sieb abgießen, 1/2–1 Min. unter kaltem Wasser abkühlen und ebenfalls sehr gut abtropfen lassen.

Inzwischen den Edelpilzkäse zusammen mit dem Joghurt und dem Olivenöl glatt pürieren, mit Salz und Pfeffer abschmecken. Die Walnußkerne hacken.

Die Nudeln mit den Gemüsestreifen mischen. Das Käse-Joghurt-Dressing daruntermischen oder zum Servieren daraufgeben. Die Walnußkerne aufstreuen.

Tortellinisalat mit Paprikakonfetti

Reichlich Salzwasser aufkochen lassen. Die Tortellini darin nach Packungsangabe kochen. Inzwischen die Paprikaschoten waschen und putzen. Mit dem Apfelausstecher aus dem Fruchtfleisch Kreise (Konfetti) ausstechen.

Den Mascarpone mit Zitronensaft, Essig, den Kapern, dem Senf, dem Koriander, dem Tabasco und dem Zucker verrühren, mit der Milch zu einer nicht zu dünnen Sauce rühren, mit Salz und Pfeffer würzen.

Die fertigen Tortellini in ein Sieb geben, 1/2–1 Min. unter kaltem Wasser abkühlen und abtropfen lassen. Nochmals reichlich Salzwasser aufkochen lassen. Darin das Paprikakonfetti 5 Min. blanchieren, eiskalt abschrecken und abtropfen lassen. Inzwischen die Salami in feine Streifen schneiden, mit den Tortellini unter die Sauce heben. Den Salat mit Paprikakonfetti bestreuen. Schnittlauch waschen, in etwa 3 cm lange Röllchen schneiden, über den Salat streuen und den Tortellinisalat servieren.

Zutaten für 4 Personen:

Salz
500 g Tortellini mit Fleisch- oder Gemüsefüllung (Fertigprodukt)
je 1 rote, grüne und gelbe Paprikaschote (je 150 g)
200 g Mascarpone
1 EL Zitronensaft
1 EL Weißweinessig
1 EL Kapern · 1 TL Senf
1/2 TL gemahlener Koriander
2 Spritzer Tabascosauce
1 Prise Zucker · etwa 70 ml Milch
Pfeffer · 70 g Salami in Scheiben
1 Bund Schnittlauch

Zubereitungszeit: etwa 40 Min.
Pro Portion etwa:
2100 kJ / 500 kcal
16 g EW / 38 F / 21 g KH

Gelingt leicht

Tip: Natürlich können Sie die Tortellini auch selbst zubereiten. Ein Rezept finden Sie auf Seite 113.

Zutaten für 4 Personen:

Meersalz
400 g Vollkorn-Hörnchennudeln
1 unbehandelte Orange
2 EL Cidre-Essig (oder anderer milder Essig)
schwarzer Pfeffer
1 Prise Paprika, rosenscharf
4 EL kaltgepreßtes Olivenöl
1 EL frisch gehackte Minze (+ einige Minzeblättchen zur Dekoration)
1/2 Chilischote
1 Knoblauchzehe
1 rote Zwiebel
je 1 kleine gelbe, rote und grüne Paprikaschote
1 Pfirsich
1 Stange Staudensellerie
1 Papaya
2 TL Zitronensaft

Zubereitungszeit: etwa 40 Min.
Pro Portion etwa:
2000 kJ / 480 kcal
16 g EW / 12 g F / 83 g KH

Vollwertig

Kreolischer Nudelsalat mit Orangenvinaigrette

Reichlich Salzwasser aufkochen lassen, die Nudeln nach Packungsanleitung bißfest kochen, abgießen und 1/2–1 Min. unter kaltem Wasser abkühlen.

Inzwischen die Orange heiß waschen, abtrocknen und etwa 1 TL Schale abreiben. Die Orange mit einem scharfen Messer so schälen, daß alles Weiße entfernt wird. Dabei den Saft auffangen. Die Orange in Würfel schneiden.

Den Saft mit dem Essig, Salz, Pfeffer, Paprikapulver, dem Öl und der Minze vermischen. Die Chilischote putzen, entkernen, waschen, kleinschneiden und unter die Sauce rühren. Den Knoblauch dazupressen und mit den Orangenwürfeln unter die Sauce rühren.

Die Zwiebel vierteln und in dünne Scheiben schneiden. Die Paprikaschoten waschen, putzen und würfeln. Den Pfirsich gründlich waschen, halbieren, entsteinen und würfeln. Den Sellerie putzen und in Scheibchen schneiden. Die Papaya schälen, halbieren und die Kerne entfernen, mit Zitronensaft beträufeln. Das Fruchtfleisch würfeln.

Die zerkleinerten Zutaten mit den Nudeln und der Vinaigrette vermischen und mit Salz und Pfeffer abschmecken. Den Salat sofort servieren.

Asiatischer Glasnudelsalat

Zutaten für 4 Personen:

60 g Glasnudeln (Asienladen)
1 kleine rote Chilischote
1 Knoblauchzehe
1 walnußgroßes Stück frischer Ingwer
1 Bund Schnittlauch
5 EL helle Sojasauce
2–3 EL Reisessig (Asienladen)
1 TL Chinagewürz (Asienladen)
5 EL Sojaöl
Pfeffer
Salz
300 g tiefgekühltes Chinagemüse (Fertigprodukt)
150 g Chinakohl
1 Dose Thunfisch im eigenen Saft (150 g Inhalt)

Zubereitungszeit: etwa 30 Min.
Pro Portion etwa: 1300 kJ / 310 kcal
17 g EW / 17 g F / 23 g KH

Gelingt leicht

Die Glasnudeln 10 Min. in warmem Wasser quellen lassen.

Inzwischen die Chilischote aufschlitzen, putzen, entkernen, waschen und fein hacken. Den Knoblauch und den Ingwer schälen und ebenfalls fein hacken. Den Schnittlauch waschen und in feine Röllchen schneiden. Chilischote, Knoblauch, Ingwer und den Schnittlauch in einer Schüssel mit Sojasauce, Essig, Chinagewürz, Sojaöl und Pfeffer zu einer Marinade verrühren.

Etwas Salzwasser in einem breiten Topf aufkochen lassen. Das Tiefkühlgemüse und die Glasnudeln darin etwa 5 Min. köcheln lassen. In ein Sieb abgießen und sehr gut abtropfen lassen. Mit der Marinade mischen und abkühlen lassen.

Den Chinakohl putzen, waschen und gut trockenschütteln, in Streifen schneiden. Den Thunfisch abtropfen lassen und zerpflücken. Beides mit dem Glasnudelsalat mischen, sofort servieren.

Das besondere Rezept

Ungewöhnliche Gerichte für Gäste müssen nicht aufwendig sein. Auch Ungeübten gelingt dieser exotische Salat problemlos und schnell. Die Zutaten bekommen Sie im Asienladen oder in den fernöstlichen Abteilungen großer Supermärkte. Wenn Sie den Salat vorbereiten wollen: Tiefkühlgemüse und Glasnudeln garen und in der Marinade ziehen lassen. Chinakohlsalat waschen, trockenschleudern und in Streifen schneiden. Gut zugedeckt bleibt er an einem kühlen Platz einige Stunden knackfrisch. Erst kurz vorm Servieren Gemüse, Nudeln, Thunfisch und Salatstreifen mischen.

Zutaten für 4 Personen:

Salz
200 g Gabelspaghetti (dünne Hörnchennudeln)
400 g Schillerlocken (Räucherfisch)
200 g Senfgurken (aus dem Glas)
1 rote Zwiebel
1 Bund Dill
3 EL Öl
2 EL Weißweinessig
350 g Joghurt
1 EL milder Senf
2 TL Currypulver
1 TL Zucker
Pfeffer
100 g Kirschtomaten
2 Eier
1 EL Butter

Zubereitungszeit: etwa 40 Min.
Pro Portion etwa:
2700 kJ / 640 kcal
32 g EW / 37 g F / 44 g KH

Gelingt leicht

Dänischer Nudel-Fischsalat

Reichlich Salzwasser aufkochen lassen. Die Nudeln darin nach Packungsanleitung bißfest kochen, in ein Sieb gießen, 1/2 – 1 Min. unter kaltem Wasser abkühlen und abtropfen lassen.

Inzwischen die Schillerlocken schräg in etwa 1 cm breite Stücke schneiden. Die Senfgurken abtropfen lassen und in etwa 1 cm breite Streifen schneiden. Die Zwiebel halbieren und in feine Streifen schneiden. Den Dill waschen, einige kleine Zweige zur Seite legen, den Rest fein hacken.

In einer Salatschüssel das Öl mit Essig, Joghurt, Dill, Senf, Currypulver, Zucker, Salz und Pfeffer zu einer cremigen Salatsauce verquirlen, die Salatzutaten unterheben und 10 Min. durchziehen lassen. Die Kirschtomaten waschen und vierteln.

Kurz vor dem Servieren die Eier mit etwas Salz und Pfeffer verquirlen. Die Butter in einem Pfännchen erhitzen und aus den verquirlten Eiern ein lockeres Rührei braten.

Das Rührei mit zwei Gabeln in Stücke zerzupfen und über den Salat streuen, dazwischen die Kirschtomaten und die zurückbehaltenen Dillzweige verteilen. Sofort servieren.

Zum rustikalen Nudel-Fischsalat aus Dänemark schmeckt ein Bier und ein eisgekühlter Aquavit.

Zutaten für 4 Personen:

1 junge Möhre
1 dünne Stange Lauch
1/2 Chilischote
300 g kleine Egerlinge
5 EL kaltgepreßtes Olivenöl
2 EL Cidre-Essig
(oder anderer milder Essig)
2 TL frisch gehackter Rosmarin
2 TL frisch gehackte Petersilie
Meersalz · Pfeffer
400 g Hirse-, Soja- oder Weizenkeim-Hörnchennudeln
1/2 rote Paprikaschote
1 Frühlingszwiebel
8 schwarze Oliven
50 g Schafkäse

Zubereitungszeit: etwa 45 Min. (+ 6 – 12 Std. Marinierzeit)
Pro Portion etwa:
2200 kJ / 520 kcal
20 g EW / 19 g F / 67 g KH

Vollwertig

Sommersalat mit marinierten Pilzen

Die Gemüse waschen und putzen. Die Möhre und den Lauch längs halbieren und in dünne Scheiben schneiden. Die Chilischote putzen, entkernen, waschen und kleinschneiden. Die Pilze putzen und in dicke Scheiben schneiden.

2 EL Öl in einer Pfanne bei mittlerer Hitze erhitzen. Die Möhre und den Lauch darin 1 Min. dünsten. Die Chilischote, die Pilze, den Essig, den Rosmarin und die Petersilie bei schwacher Hitze 15 Min. mit dünsten, mit Salz und Pfeffer abschmecken. Abkühlen lassen, in einen schmalen Behälter füllen, mit dem restlichen Öl begießen und über Nacht, mindestens aber 6 Stunden kühl stellen.

Reichlich Salzwasser aufkochen lassen, die Nudeln darin nach Packungsanleitung bißfest kochen, abgießen, 1/2 – 1 Min. unter kaltem Wasser abkühlen und abtropfen lassen.

Inzwischen die Paprikaschote waschen, putzen und in Würfel schneiden. Die Frühlingszwiebel putzen, waschen, längs halbieren und kleinschneiden.

Die Nudeln mit den Pilzen und den Paprikawürfeln vermischen. Den Salat bei Raumtemperatur möglichst 30 Min. ziehen lassen. Die Oliven entsteinen und kleinhacken. Den Käse bröcklig zerkleinern. Vor dem Servieren den Salat mit Salz und Pfeffer abschmecken, mit den Oliven und dem Käse bestreuen.

Tip: Der Salat eignet sich wunderbar für ein sommerliches Partybuffet, er läßt sich sehr gut vorbereiten: Pilze und Gemüse schon am Vortag dünsten und über Nacht marinieren lassen. Lange bevor die Gäste kommen, können Sie die Nudeln kochen (gut abkühlen!) und Paprika und Frühlingszwiebel kleinschneiden (abgedeckt kühlstellen). Eine halbe Stunde vor Partybeginn alle Zutaten mischen. Bevor Sie das Buffet eröffnen, Salat abschmecken und Oliven und Käse darüber streuen.

Der Tip vom Profi !

Das Avocadodressing erst kurz vor dem Servieren zubereiten, damit es sich nicht verfärbt. Wenn Sie es vorbereiten möchten, legen Sie den Avocadokern in das Dressing. So bleibt es länger hell. Verwenden Sie nur butterweiche Avocados. Harte lassen sich nicht pürieren, schmecken fade und bitter. Weiche, reife Früchte erkennen Sie daran, daß die Schale auf Fingerdruck nachgibt. Unreife Avocados in Papier einwickeln und bei Zimmertemperatur nachreifen lassen.

Zutaten für 4 Personen:

Salz
150 g Spiralnudeln
1 reife Avocado
2 EL Limettensaft (oder Zitronensaft)
150 g saure Sahne
1 Knoblauchzehe
Salz · schwarzer Pfeffer
1 rote Chilischote
etwas frisches Koriandergrün (oder Petersilie)
1 Bund Frühlingszwiebeln
1 Dose Maiskörner (140 g Inhalt)
1 Dose Kidneybohnen (250 g Inhalt)

Zubereitungszeit: etwa 30 Min.
Pro Portion etwa:
2300 kJ / 550 kcal
22 g EW / 19 g F / 71 g KH

Schnell

Nudel-Avocado-Salat

Reichlich Salzwasser aufkochen lassen. Die Nudeln darin nach Pakkungsanleitung bißfest kochen. In ein Sieb abgießen, 1/2–1 Min. unter kaltem Wasser abkühlen und gut abtropfen lassen.

Inzwischen für das Dressing die Avocado halbieren, entkernen und schälen. Das Fruchtfleisch sofort mit dem Limettensaft und der sauren Sahne im Mixer oder mit dem Pürierstab pürieren. Den Knoblauch dazupressen, mit Salz und Pfeffer würzen.

Die Chilischote putzen, mit einem kleinen Messer vorsichtig entkernen, waschen und in sehr feine Ringe schneiden. Das Koriandergrün waschen.

Für den Salat die Frühlingszwiebeln putzen, waschen und in feine, schräge Ringe schneiden. Den Mais und die Kidneybohnen in ein Sieb abgießen und mit kaltem Wasser überbrausen, gut abtropfen lassen. Alles mit den Nudeln und dem Avocadopüree mischen, mit Chiliringen und Koriandergrün bestreuen.

Zutaten für 4 Personen:

Salz
200 g Penne (schräg abgeschnittene Nudelröhrchen)
1 reife Avocado
2 EL Zitronensaft
2 Sardellenfilets
30 g Walnußkerne
1 Zwiebel
1/2 Chilischote
4 EL Essig
4–5 EL Olivenöl (oder Rapsöl)
Pfeffer
einige Basilikumblätter zum Garnieren

Zubereitungszeit: etwa 20 Min.
Pro Portion etwa:
1900 kJ / 450 kcal
10 g EW / 29 g F / 38 g KH

Gelingt leicht

Insalata di penne

Reichlich Salzwasser aufkochen lassen. Die Penne darin nach Packungsanleitung bißfest kochen, in ein Sieb abgießen, 1/2–1 Min. unter kaltem Wasser abkühlen und gut abtropfen lassen.

Inzwischen die Avocado halbieren, schälen, entkernen und in feine Stifte schneiden. Mit dem Zitronensaft beträufeln. Die Sardellen hacken. Die Walnußkerne halbieren.

Für die Sauce die Zwiebel fein hacken, die Chilischote putzen, entkernen, waschen und fein hacken. Zwiebel und Chilischote mit Essig und Öl mischen und mit Salz und Pfeffer abschmecken.

Alles mit der Sauce mischen und mit den Basilikumblättern garnieren.

Mozzarella-Pasta-Salat

Zutaten für 4 Personen:

2 EL Aceto Balsamico
Salz
schwarzer Pfeffer
4 EL Olivenöl
2 Knoblauchzehen
500 g Tomaten
1 gelbe Paprikaschote
je 2 EL frisch gehackte Petersilie und Basilikum
1 TL frisch gehackte Minze
400 g Rigatoni (gerillte Nudelröhrchen)
250 g Mozzarella
1 EL Kapern
1 EL Zitronensaft

Zubereitungszeit: etwa 30 Min.
Pro Portion etwa:
2500 kJ / 600 kcal
28 g EW / 21 g F / 77 g KH

Vegetarisch

Den Aceto mit Salz, Pfeffer und dem Öl mischen. Den Knoblauch dazupressen. Die Tomaten waschen, von den Stielansätzen befreien und würfeln. Die Paprikaschote waschen, putzen und würfeln. Alles mit der Petersilie, dem Basilikum und der Minze mischen und ziehen lassen.

Inzwischen reichlich Salzwasser aufkochen lassen. Die Rigatoni darin nach Packungsanleitung bißfest kochen. In ein Sieb gießen und 1/2–1 Min. unter kaltem Wasser abkühlen, abtropfen lassen.

Den Mozzarella würfeln und mit den Kapern, den Nudeln und der Sauce vermischen. Mit dem Zitronensaft abschmecken.

Tip: Vollwertig wird der vegetarische Pasta-Salat, wenn Sie ihn mit Vollkorn-Rigatoni, kaltgepreßtem Olivenöl und Meersalz zubereiten.

Variante:
Salat mit Rosmarin-Tofu

200 g Tofu in Würfel schneiden und kräftig mit Rosmarinpulver bestäuben. Den Rosmarin-Tofu statt Mozzarella und Kapern unter die übrigen Zutaten mischen.

MIT GEMÜSE UND KRÄUTERN

Spaghetti mit Gorgonzolasauce

Zutaten für 4 Personen:

1 Bund Frühlingszwiebeln
1 Fenchelknolle mit Grün
2 EL Butter
1/4 l trockener Weißwein (ersatzweise Milch)
200 g Gorgonzola
150 g Crème fraîche
Salz
schwarzer Pfeffer
400 g rote Spaghetti
75 g Kirschtomaten

Zubereitungszeit: etwa 25 Min.
Pro Portion etwa: 3500 kJ / 830 kcal
25 g EW / 38 g F / 80 g KH

Schnell

Die Frühlingszwiebeln und den Fenchel putzen, waschen und fein schneiden. Das Fenchelgrün hacken und beiseite stellen.

Die Butter in einer Pfanne aufschäumen lassen, das Gemüse darin bei mittlerer Hitze 5 Min. garen.

Den Wein dazugießen. Den Gorgonzola kleinschneiden und mit der Crème fraîche einrühren, mit Salz und Pfeffer abschmecken und bei schwacher Hitze warm halten, gelegentlich umrühren.

Inzwischen reichlich Salzwasser aufkochen lassen. Die Spaghetti darin nach Packungsanleitung bißfest kochen.

Die Kirschtomaten waschen und vierteln. Die Spaghetti gut abtropfen lassen, mit der Sauce mischen und mit den Tomaten und dem Fenchelgrün bestreut anrichten.

Dazu schmeckt ein trockener italienischer Weißwein, z. B. ein Gavi aus dem Piemont.

Der Tip vom Profi

Je einfacher die Sauce, desto hochwertiger sollten die Zutaten sein. Verwenden Sie nur frische Kräuter und Gemüse. Bevorzugen Sie original italienische Spaghetti aus Hartweizengrieß ohne Ei. Sie behalten dank der speziellen Weizenart einen festen Biß, werden typisch »al dente«. Rote Spaghetti erhalten ihre Farbe durch Tomate oder rote Bete. Sie bekommen bunte Pasta in großen Supermärkten oder beim italienischen Feinkosthändler. Sie können sie auch selbst herstellen (Rezepte Seite 20 und 21).

Spaghetti mit Rucola

Den Rucola waschen, abtropfen lassen, in schmale Streifen schneiden. Zwiebel und Knoblauch fein hacken. Die Chilischote im Mörser grob zerstoßen.

Inzwischen reichlich Salzwasser aufkochen lassen. Die Spaghetti darin nach Packungsanleitung bißfest kochen.

Zwiebel, Knoblauch und Chilischote in einem breiten Topf in Olivenöl bei mittlerer Hitze glasig dünsten. Die fertigen Nudeln abgießen, nur kurz abtropfen lassen und mit dem Rucola in den Topf geben, mit Salz und Pfeffer würzen. Alles gut mischen und mit Käse bestreut servieren.

Zutaten für 4 Personen:

150 g Rucola · 1 Zwiebel
2 Knoblauchzehen
1 getrocknete Chilischote
Salz
500 g Spaghetti
6 EL Olivenöl
Pfeffer
80 g frisch geriebener Parmesan

Zubereitungszeit: etwa 20 Min.
Pro Portion etwa:
2800 kJ / 670 kcal
24 g EW / 19 g F / 99 g KH

Schnell

Zutaten für 4 Personen:

Salz
500 g Spaghetti
100 g getrocknete Tomaten (in Öl)
4 Knoblauchzehen
1–2 TL Korianderkörner
2 getrocknete Chilischoten
6 EL Olivenöl
2 EL frisch gehackte Petersilie
Pfeffer

Zubereitungszeit: etwa 20 Min.
Pro Portion etwa:
2400 kJ / 570 kcal
17 g EW / 14 g F / 98 g KH

Gelingt leicht

Spaghetti mit getrockneten Tomaten

Reichlich Salzwasser aufkochen lassen. Die Spaghetti darin nach Packungsanleitung bißfest kochen.

Inzwischen die Tomaten in kleine Stücke, den Knoblauch in feine Scheibchen schneiden, den Koriander und die Chilischoten im Mörser grob zerstoßen. Alles in einer großen Pfanne in Olivenöl 3 Min. andünsten.

Die Nudeln abgießen, nur kurz abtropfen lassen und in der Pfanne schwenken, mit der Petersilie, Salz und Pfeffer vermischen.

Spaghetti aglio, olio e olive

Reichlich Salzwasser aufkochen lassen. Die Spaghetti darin nach Packungsanleitung bißfest kochen.

Inzwischen den Knoblauch fein hacken und im Olivenöl langsam erwärmen. Die Oliven entsteinen und in feine Streifen schneiden.

Die Spaghetti in ein Sieb abgießen, dabei etwas Kochwasser auffangen. 4 EL Kochwasser zum Knoblauchöl geben, 2–3 Min. bei schwacher Hitze ziehen lassen. Zum Schluß die Oliven hinzufügen, mit Salz und Pfeffer abschmecken und mit den Spaghetti mischen.

Zutaten für 4 Personen:

Salz
500 g Spaghetti
3 Knoblauchzehen
150 ml Olivenöl
50 g schwarze Oliven
Pfeffer

Zubereitungszeit: etwa 20 Min.
Pro Portion etwa:
3500 kJ / 830 kcal
16 g EW / 43 g F / 96 g KH

Aus Italien

Zutaten für 4 Personen:

1 großes Bund Basilikum
3 Knoblauchzehen
2 EL Pinienkerne
100 ml Olivenöl
100 g frisch geriebener Pecorino (oder Parmesan)
Salz
300 g vorwiegend festkochende Kartoffeln
150 g grüne Bohnen
350 g Trenette (schmale flache Nudeln)

Zubereitungszeit: etwa 45 Min.
Pro Portion etwa:
3100 kJ / 740 kcal
14 g EW / 29 g F / 81 g KH

Für Gäste

Trenette alla genovese

Für das Pesto Basilikumblätter abzupfen und mit einem Tuch abreiben. Knoblauch grob zerschneiden. Pinienkerne in einer Pfanne ohne Fett bei mittlerer Hitze hellbraun rösten. Alles im Mixer pürieren. Das Öl und die Hälfte vom Käse unterrühren, salzen und beiseite stellen.

Kartoffeln schälen und klein würfeln. Bohnen waschen, putzen und in Stücke brechen. Eine Schüssel im Backofen bei 75° anwärmen.

Inzwischen reichlich Salzwasser aufkochen lassen, Kartoffeln und Bohnen 5 Min. darin kochen. Die Nudeln ins sprudelnde Wasser dazugeben und nach Packungsanleitung mit dem Gemüse bißfest kochen.

Pesto in der angewärmten Schüssel mit 2–3 EL Kochwasser verrühren. Nudeln mit Gemüse in ein Sieb abgießen, kurz abtropfen lassen und mit dem Pesto vermischen. Den restlichen geriebenen Käse dazu servieren.

Tip: Trenette, die flachen Spaghetti, sind eine Spezialität Liguriens. Sie werden auch ohne Gemüse gekocht und mit der Basilikum-Paste vermischt, die dafür mit Olivenöl und Kochwasser zu einer cremigen Sauce verrührt wird. Für das Pesto können Sie auch Pecorino und Parmesan mischen.

Zu dem originellen Nudelgericht aus Ligurien paßt ein trockener italienischer Weißwein, z. B. ein Verdicchio.

Zutaten für 4 Personen:
200 g Steinpilze (oder Egerlinge)
300 g reife Tomaten
2 Knoblauchzehen
1/2 Bund glatte Petersilie
2 Zweige frischer Oregano
2 Zweige frisches Basilikum
1 Zweig frischer Rosmarin
2 EL Butter
3 EL Olivenöl
150 ml Gemüsefond (aus dem Glas)
2 EL Sahne
Salz
400 g Reginette (lange Bandnudeln mit gewellten Rändern)
weißer Pfeffer
50 g frisch geriebener Parmesan

Zubereitungszeit: etwa 35 Min.
Pro Portion etwa:
2300 kJ / 550 kcal
20 g EW / 20 g F / 74 g KH

Vegetarisch

Reginette mit Pilzsauce

Die Steinpilze gründlich mit Küchenpapier säubern, die Stiele mit einem Messer abschaben, weniger schöne Stellen ausschneiden. Nur wenn nötig, schnell waschen, gut abtropfen lassen und mit Küchenpapier trockentupfen. Pilze in Scheiben schneiden.

Die Tomaten überbrühen, häuten, halbieren, entkernen und würfeln. Dabei die Stielansätze entfernen. Den Knoblauch fein hacken. Die Kräuter waschen und hacken.

In einer Kasserolle die Butter mit dem Olivenöl erhitzen, Knoblauch und Kräuter 3 Min. leicht andünsten. Die Pilze dazugeben, 5 Min. bei mittlerer Hitze unter Rühren braten, bis die Flüssigkeit, die sich dabei bildet, verdampft ist und die Pilze bräunen. Die Tomatenwürfel, den Fond und die Sahne unterrühren, bei schwacher Hitze in 15 Min. einköcheln lassen, bis die Sauce cremig ist.

Inzwischen reichlich Salzwasser aufkochen lassen. Reginette in 5–7 cm lange Stücke brechen und im Salzwasser nach Packungsanleitung bißfest kochen, abgießen und abtropfen lassen. Die Sauce mit Salz und Pfeffer abschmecken und unter die Nudeln heben. Sofort servieren, den geriebenen Parmesan extra dazu reichen.

Tip: Die Reginette mit Pilzsauce sind ein herrliches Sommergericht, denn von Juni bis Oktober haben frische Steinpilze in Europa Saison.

Zutaten für 4 Personen:

100 g Fontinakäse · 250 g Sahne
50 g Gorgonzola · Salz
400 g grüne Bandnudeln
50 g Butter
50 g frisch geriebener Parmesan
Pfeffer
frisch geriebene Muskatnuß

Zubereitungszeit: etwa 25 Min.
Pro Portion etwa:
3400 kJ / 810 kcal
27 g EW / 47 g F / 72 g KH

Für Gäste

Grüne Nudeln »tre formaggi«

Den Fontinakäse in feine Scheiben schneiden und in der Sahne 10 Min. einlegen. Den Gorgonzola mit der Gabel zerdrücken und mit einlegen.

Inzwischen reichlich Salzwasser aufkochen lassen. Die Nudeln darin nach Packungsanleitung bißfest kochen, abgießen, gut abtropfen lassen und mit der Butter vermischen.

Die Käsesahne unter Rühren bei schwacher Hitze aufkochen lassen, bis eine gleichmäßige Sauce entstanden ist. Die Nudeln und den geriebenen Käse hinzufügen. Alles gut mischen und mit wenig Salz, Pfeffer und 1 Prise Muskat abschmecken. Sofort servieren.

Walnuß-Spaghettini mit Zucchinisauce

Die Zucchini klein würfeln. Den Knoblauch hacken. Beides in Öl andünsten, Brühe angießen und zugedeckt bei schwacher Hitze 10–15 Min. garen. Mit Salz und Muskat würzen, pürieren und 5 Min. unter Rühren einkochen lassen.

Inzwischen reichlich Salzwasser aufkochen lassen. Die Spaghettini darin bißfest kochen und abtropfen lassen. Die Walnußkerne grob hacken und mit den Spaghettini vermischen. Auf Teller verteilen, mit Sauce übergießen. Den Parmesan dazu servieren.

Tip: Im Winter sollten Sie für dieses Gericht unbedingt gelbe Zucchini verwenden, grüne können in der kalten Jahreszeit bitter schmecken.

Zutaten für 4 Personen:

500 g Zucchini
2 Knoblauchzehen · 1 EL Olivenöl
75 ml Gemüsebrühe · Salz
frisch geriebene Muskatnuß
400 g Spaghettini (dünne Spaghetti)
125 g Walnußkerne
75 g frisch geriebener Parmesan

Zubereitungszeit: etwa 30 Min.
Pro Portion etwa:
2900 kJ / 690 kcal
26 g EW / 28 g F / 82 g KH

Vegetarisch

Spaghettini mit Limettensauce

Zutaten für 4 Personen:
3 Frühlingszwiebeln
50 g Butter
1 unbehandelte Limette (oder 1 Zitrone)
1/2 TL Korianderkörner
4 Pimentkörner
1 getrocknete Chilischote
1 Msp. gemahlener Safran
1 TL Mehl
4 EL Wermut dry nach Belieben
300 g Crème fraîche
Salz
400 g Spaghettini (dünne Spaghetti)
weißer Pfeffer
1/2 Bund Dill oder Zitronenmelisse

Zubereitungszeit: etwa 30 Min.
Pro Portion etwa:
3200 kJ / 760 kcal
14 g EW / 42 g F / 79 g KH

Schnell

Die Frühlingszwiebeln putzen, waschen, in feine Ringe schneiden und in einer Pfanne in der Butter andünsten. Die Limette waschen. Die Schale mit einem Zestenreißer abraspeln.

Koriander, Piment und Chilischote im Mörser zerstoßen, mit dem Safran und der Limettenschale zu den Zwiebeln geben, das Mehl unterrühren. Wermut und Crème fraîche unterrühren und 5 Min. bei schwacher Hitze köcheln lassen.

Reichlich Salzwasser aufkochen lassen. Die Spaghettini darin nach Packungsanleitung bißfest kochen.

Inzwischen die Limette auspressen. Die Sauce mit Limettensaft, Salz und Pfeffer abschmecken. Den Dill oder die Zitronenmelisse waschen, fein hacken und unter die Sauce rühren. Die Spaghettini abgießen, abtropfen lassen und mit der Sauce vermischen, sofort servieren.

Tip: Mit ihrem aromatischen Fruchtfleisch und der würzigen Schale bildet die Limette eine geschmackvolle Alternative zur Zitrone. Limetten finden Sie in Obst- und Delikateßgeschäften meistens unter dem (falschen) Namen Limone.

Maltagliati mit Artischocken

Zutaten für 4 Personen:

Für den Teig:
300 g Mehl (+ Mehl für die Arbeitsfläche)
3 große Eier
1 EL Olivenöl
1/2 TL Salz
Für die Sauce:
1 unbehandelte Zitrone
4 kleine oder 2 große Artischocken
Salz
200 g Sahne
1 große Fleischtomate
40 g Butter
50 g frisch geriebener Parmesan
1 Knoblauchzehe · Pfeffer
Zum Servieren:
2 EL frisch gehackter Kerbel

Zubereitungszeit: etwa 1 3/4 Std.
Pro Portion etwa:
2700 kJ / 640 kcal
18 g EW / 35 g F / 64 g KH

Für Geübte

Aus dem Mehl, den Eiern, dem Öl, eventuell 1–2 EL Wasser und dem Salz einen Nudelteig herstellen (siehe Seite 19). Den Teig kräftig durchkneten. In Folie wickeln oder mit einem feuchten Tuch bedecken und mindestens 30 Min. ruhen lassen.

Inzwischen für die Sauce die Zitrone auspressen. Die Artischocken waschen, die Stiele abschneiden. Die Blattspitzen mit einer Schere kürzen. Reichlich Salzwasser mit 2 EL Zitronensaft aufkochen lassen. Die Artischocken darin je nach Größe bei mittlerer Hitze 15–20 Min. kochen. Sie sind gar, wenn sich ein Blatt leicht herausziehen läßt.

Die Artischocken in einem Sieb abtropfen lassen. Die Blätter auszupfen, das Fruchtfleisch mit der stumpfen Seite eines Messers abschaben, sofort mit dem restlichen Zitronensaft beträufeln und mit der Sahne pürieren. Die Artischockenböden vom »Heu« befreien und klein würfeln.

Den Nudelteig mit dem Nudelholz auf einer bemehlten Fläche oder mit der Nudelmaschine dünn ausrollen. Die Teigplatte mit Mehl bestäuben und zusammenfalten. Mit einem scharfen Messer Dreiecke abschneiden, so daß Sie unterschiedliche, spitz zulaufende Nudelformen erhalten. Nudeln auseinanderfalten und nebeneinander auf einem bemehlten Küchentuch etwas antrocknen lassen.

Die Tomate überbrühen, häuten, entkernen, ausdrücken und ohne den Stielansatz würfeln. In der Hälfte der Butter 5 Min. bei mittlerer Hitze dünsten und beiseite stellen.

Reichlich Salzwasser aufkochen lassen. Die Maltagliati darin 2–3 Min. kochen, abgießen.

Die restliche Butter erwärmen, die Artischocken- und Tomatenwürfel darin schwenken und mit den Maltagliati mischen.

Den Käse zum Artischockenpüree geben, den Knoblauch dazupressen. Bei schwacher Hitze erwärmen, nicht kochen lassen. Mit Salz und Pfeffer abschmecken und über die Maltagliati geben. Mit dem Kerbel bestreut servieren.

Tip: Die Maltagliati lassen sich sehr gut vorbereiten. Sie können die Nudeln bereits am Vortag herstellen und auf einem bemehlten Küchentuch trocknen lassen. Sie sollten die Maltagliati dann allerdings 5–8 Min. kochen lassen. Wenn's mal schnell gehen soll, können Sie die Artischockensauce auch zu gekauften Nudeln, z. B. Bandnudeln, servieren.

Info: Auf deutsch heißen Maltagliati die »Schlechtgeschnittenen«. Deshalb müssen Sie den Nudelteig nicht sehr exakt schneiden. Die Maltagliati dürfen ruhig unterschiedlich groß sein. Sie können auch breitere Teigstreifen einfach diagonal durchschneiden.

Den Nudelteig auf einer bemehlten Arbeitsfläche dünn ausrollen, gut mit Mehl bestäuben und zusammenfalten.

Mit einem scharfen Messer Dreiecke abschneiden. Dabei zuerst die Ecken, dann gerade abschneiden.

Die ausgeschnittenen Nudeln auseinanderfalten und nebeneinander auf einem bemehlten Küchentuch antrocknen lassen.

Zutaten für 4 Personen:

300 g reife Fleischtomaten (oder geschälte Tomaten aus der Dose)
100 g durchwachsener Räucherspeck
1 große Zwiebel
2 Knoblauchzehen
1–2 Chilischoten
12 schwarze Oliven
2 EL Olivenöl (oder Butter)
2 EL Kapern
Salz · Pfeffer
400 g Penne rigate (gerillte Nudelröhrchen)
1 EL frisch gehackte Petersilie
50 g frisch geriebener Pecorino (oder Parmesan)

Zubereitungszeit: etwa 45 Min.
Pro Portion etwa:
2700 kJ / 640 kcal
17 g EW / 28 g F / 76 g KH

Gelingt leicht

Penne piccante

Die frischen Tomaten überbrühen, häuten, geschälte abtropfen lassen. Die Tomaten halbieren, entkernen, etwas ausdrücken und klein würfeln, dabei die Stielansätze entfernen. Den Speck und die Zwiebel hacken. Die Knoblauchzehen nur leicht zerdrücken, aber nicht kleinschneiden. Die Chilischoten putzen, aufschlitzen, entkernen, waschen und fein hacken. Die Oliven halbieren und entsteinen.

Olivenöl mit dem Speck erhitzen. Zwiebeln und Knoblauch darin getrennt voneinander glasig werden lassen. Knoblauch herausnehmen, Chilischoten und die Tomaten hinzufügen und zugedeckt 30 Min. dünsten. Die Kapern kalt abspülen, mit den Oliven zur Sauce geben. Mit Salz und Pfeffer vorsichtig abschmecken.

Inzwischen reichlich Salzwasser aufkochen lassen. Die Penne darin nach Packungsanleitung knapp bißfest kochen. Die Sauce bei starker Hitze offen etwas einkochen lassen. Die Penne abgießen, abtropfen lassen und mit der Sauce mischen. Alles 2–3 Min. weiterkochen lassen. Mit der Petersilie bestreuen und mit dem Käse servieren.

Tip: Die Dosierung der Chilischoten ist Geschmackssache. Eventuell zuerst nur wenig hinzufügen, später nachwürzen.

Makkaroni mit Spinatsahne

Die Chilischote aufschlitzen, putzen, entkernen, waschen und fein hacken oder in Ringe schneiden. Den Spinat waschen und verlesen, grobe Stiele entfernen. Die Zwiebel hacken.

In einer Pfanne die Pinienkerne ohne Fett goldbraun rösten. Aus der Pfanne nehmen und beiseite stellen.

Das Öl in einem Topf erhitzen, die Zwiebel darin glasig werden lassen. Den Spinat tropfnaß dazugeben und zugedeckt bei mittlerer Hitze 5 Min. dünsten und zusammenfallen lassen. Die Sahne dazugießen, alles mit dem Pürierstab leicht pürieren. Wieder erwärmen, mit der Chilischote, Salz, Pfeffer und Muskat herzhaft abschmecken.

Inzwischen reichlich Salzwasser aufkochen lassen. Die Makkaroni darin nach Packungsanleitung bißfest kochen. In ein Sieb abgießen und gut abtropfen lassen, mit der Spinatsahne anrichten und mit den Pinienkernen bestreuen.

Zutaten für 4 Personen:

1 große Chilischote
300 g zarter Blattspinat
1 Zwiebel
4 EL Pinienkerne
1 EL Pflanzenöl
250 g Sahne · Salz
schwarzer Pfeffer
frisch geriebene Muskatnuß
400 g Makkaroni

Zubereitungszeit: etwa 45 Min.
Pro Portion etwa:
2700 kJ / 640 kcal
18 g EW / 31 g F / 76 g KH

Vegetarisch

Linguine mit Spargel

Zutaten für 4 Personen:
100 g Schalotten
500 g grüner Spargel
Salz
2 EL Butter
200 ml Hühnerbrühe
schwarzer Pfeffer
400 g Linguine (schmale, flache Nudeln)
200 g Mascarpone
2 Handvoll Kerbel

Zubereitungszeit: etwa 45 Min.
Pro Portion etwa:
2800 kJ / 670 kcal
18 g EW / 33 g F / 75 g KH

Für Gäste

Die Schalotten klein würfeln. Den Spargel waschen, die unteren Enden abschneiden. Die Stangen dann im unteren Drittel schälen und in schräge, etwa 1 cm breite Stücke schneiden.

Für die Nudeln reichlich Salzwasser aufkochen lassen.

Die Butter in einem Topf aufschäumen lassen. Die Schalotten darin leicht goldgelb anbraten. Die kleingeschnittenen Spargelstangen (ohne die Köpfe) kurz mit andünsten, mit der Brühe ablöschen, salzen, pfeffern und zugedeckt 5 Min. bei schwacher Hitze köcheln lassen.

Inzwischen die Linguine im sprudelnden Salzwasser nach Packungsanleitung bißfest kochen.

Die Spargelspitzen und den Mascarpone zum übrigen Spargel geben, noch 3 Min. garen. Mit Salz und Pfeffer abschmecken. Den Kerbel waschen und grob hacken.

Die Linguine abtropfen lassen und mit der Spargel-Mascarpone-Sauce und etwas Kerbel mischen. Mit dem restlichen Kerbel bestreut servieren.

Das besondere Rezept !

Ein raffiniertes Gericht, das auch Kochanfängern leicht gelingt. Der würzige Grünspargel verleiht der sahnigen Mascarponesauce eine edle Note. Frischer Kerbel liefert anisartiges Aroma, dazu Vitamine und Mineralstoffe. Servieren Sie Ihren Gästen die Linguine mit der köstlichen Sauce im Frühsommer, wenn Spargel und Kerbel Hochsaison haben.

Zutaten für 4 Personen:

500 g Fleischtomaten
1/2 Chilischote
1 große Zwiebel
1 Knoblauchzehe
100 g Pancetta (oder durchwachsenen Räucherspeck)
2 EL Olivenöl
400 g Bucatini (dicke, hohle Spaghetti)
Salz · Pfeffer
70 g frisch geriebener Pecorino (oder Parmesan)

Zubereitungszeit: etwa 30 Min.
Pro Portion etwa:
2600 kJ / 620 kcal
17 g EW / 24 g F / 75 g KH

Aus Italien

Bucatini all'amatriciana

Die frischen Tomaten überbrühen, häuten, die Stielansätze entfernen, dann entkernen und klein würfeln. Die Chilischote entkernen, waschen und fein hacken. Zwiebel und Knoblauch ebenfalls fein hacken.

Die Pancetta sehr klein würfeln, in Olivenöl in einer großen Pfanne leicht anbraten. Die Zwiebel hinzufügen und bei schwacher Hitze 5 Min. dünsten. Knoblauch und Chilischote dazugeben und gut umrühren. Die Tomatenwürfel hinzufügen. Alles zugedeckt bei schwacher Hitze 10–15 Min. garen.

Inzwischen reichlich Salzwasser aufkochen lassen. Die Bucatini darin nach Packungsanleitung bißfest kochen. Abgießen, abtropfen lassen und in die Sauce geben. Gut durchmischen und 2–3 Min. bei schwacher Hitze ziehen lassen. Mit dem Käse bestreut servieren.

Tip: Dieses Gericht gelingt nur gut mit wirklich reifen, fleischigen Tomaten. Die erkennen Sie an der kräftig roten Farbe. Wenn Sie keine reifen Tomaten bekommen, etwa im Winter, verwenden Sie geschälte Früchte aus der Dose. Tomaten abtropfen lassen, dann wie frische Exemplare zubereiten.

Info: Zwischen Latium und Abruzzen findet man Amatrice, den Ort, der dem feurigen Nudelgericht seinen Namen gab.

Zu den Bucatini all'amatriciana servieren Sie am besten einen trockenen italienischen Rotwein oder einen Rosé.

Zutaten für 4 Personen:

1 großes Bund gemischte Wildkräuter (150–200 g; z. B. Sauerampfer, Löwenzahn, Borretsch, Portulak, Brunnenkresse, Brennessel)
1 große Zwiebel
4 EL Pinienkerne
2 EL Olivenöl
200 ml trockener Weißwein (ersatzweise Gemüsebrühe)
200 g Ricotta (italienischer Frischkäse)
Salz
schwarzer Pfeffer
1 EL Zitronensaft
400 g Tortellini oder Cappelletti (gefüllte Hütchennudeln)
einige Wildkräuterblüten nach Belieben

Zubereitungszeit: etwa 40 Min.
Pro Portion etwa:
2500 kJ / 600 kcal
21 g EW / 21 g F / 78 g KH

Gelingt leicht

Tortellini mit Wildkräutern

Die Wildkräuter waschen und grob hacken oder in etwa 2 cm breite Streifen schneiden. Die Zwiebel hacken.

In einer großen Pfanne ohne Fett die Pinienkerne goldbraun rösten, herausnehmen und beiseite stellen.

Das Olivenöl in der Pfanne leicht erhitzen. Die Zwiebelwürfel darin glasig werden lassen. Die Wildkräuter dazugeben und ganz kurz andünsten, mit dem Wein ablöschen. Den Ricotta mit einer Gabel zerdrücken oder mit dem Pürierstab pürieren, zur Sauce geben und alles mit Salz, Pfeffer und Zitronensaft abschmecken. Vom Herd ziehen.

Inzwischen reichlich Salzwasser aufkochen lassen. Die Tortellini darin nach Packungsanleitung bißfest kochen. In ein Sieb abgießen und sehr gut abtropfen lassen.

Die Kräutersauce noch einmal aufkochen lassen und abschmecken, zusammen mit den Nudeln servieren. Mit den gerösteten Pinienkernen und den Wildkräuterblüten bestreuen.

Tip: Wenn Sie die Wildkräuter selbst sammeln, sollten Sie dies nur fernab vielbefahrener Straßen tun. Wer die Kräuter auf dem Markt oder beim Gemüsehändler kauft, kann verschiedene Sorten wählen oder ersatzweise nur Brunnenkresse oder Löwenzahn verwenden.

Dazu schmeckt ein trockener Weißwein, z. B. ein Chardonnay aus Südtirol. Sie können ihn auch gut zum Kochen verwenden.

Basilikumnudeln mit Tomatensahne

Zutaten für 4 Personen:

Für den Teig:
230 g Mehl (+ Mehl für die Arbeitsfläche)
2 große Eier
1 Eigelb
1/2 TL Salz
20 mittelgroße Basilikumblätter
Für die Sauce:
750 g reife Fleischtomaten
1 große Zwiebel
20 g Butter
1 TL Tomatenmark
1 Lorbeerblatt
2–3 Zweige frische Petersilie
1 Knoblauchzehe
3 EL Sahne
Salz · Pfeffer
1 Prise Zucker
Zum Servieren:
1 EL Olivenöl
50 g frisch geriebener Parmesan
50 g frisch geriebener Pecorino

Zubereitungszeit: etwa 2 Std.
Pro Portion etwa:
2000 kJ / 480 kcal
16 g EW / 17 g F / 56 g KH

Läßt sich gut vorbereiten

Aus dem Mehl, den Eiern, dem Eigelb und dem Salz einen geschmeidigen Nudelteig herstellen (siehe Seite 19). Den Teig kräftig durchkneten. Bei Bedarf 1–2 EL Wasser unterkneten. In Folie wickeln oder mit einem feuchten Tuch bedecken und 1 Std. ruhen lassen.

Inzwischen für die Sauce die Tomaten überbrühen, häuten, entkernen, etwas ausdrücken und ohne die Stielansätze kleinschneiden. Die Zwiebel in Ringe schneiden und in der Butter andünsten. Die Tomaten 3–4 Min. mitdünsten. Tomatenmark, Lorbeerblatt und Petersilie dazugeben. Knoblauch dazupressen. Alles bei schwacher Hitze 20 Min. zugedeckt köcheln lassen.

Das Lorbeerblatt und die Petersilie aus der Sauce entfernen. Die Sauce mit dem Pürierstab pürieren und offen zu einem Mus einköcheln lassen. Die Sahne dazurühren und mit Salz, Pfeffer und Zucker abschmecken. Die Sauce vom Herd ziehen.

Die Basilikumblätter vorsichtig waschen und auf Küchenpapier nebeneinander trocknen lassen.

Den Nudelteig mit dem Nudelholz auf einer bemehlten Arbeitsfläche oder mit der Nudelmaschine hauchdünn ausrollen und in etwa 5 cm breite Streifen schneiden. Die Hälfte der Teigstreifen mit Wasser befeuchten und in Abständen von 6–7 cm mit je 1 Basilikumblatt belegen. Einen zweiten Teigstreifen darüber legen und mit einem Teigroller fest andrücken. Den Teig mit einem scharfen Messer entsprechend der Basilikumblätter in Rechtecke schneiden.

Reichlich Salzwasser aufkochen lassen. Die Nudeln hineingeben, dabei darauf achten, daß sie nicht zusammenkleben. 2–3 Min. im sprudelnden Wasser kochen. Die genaue Kochzeit hängt von der Dicke des ausgerollten Teigs ab.

Die Sauce erhitzen, auf Tellern anrichten. Die Nudeln abgießen, gut abtropfen lassen, mit dem Olivenöl vermengen und auf der angerichteten Sauce verteilen. Mit dem Parmesan und dem Pecorino bestreut servieren.

Tip: Sie können die Nudeln statt mit Basilikumblättern auch mit glatter Petersilie, Salbeiblättern oder kleinen Dillzweigen zubereiten. Die Tomatensauce paßt zu allen Kräutern ausgezeichnet.

Den Nudelteig in etwa 5 cm breite Streifen schneiden, mit Wasser befeuchten und mit den Basilikumblättern belegen.

Einen zweiten Teigstreifen darüber legen und mit einem Teigroller fest andrücken.

Den Teig mit einem scharfen Messer entsprechend der Basilikumblätter in Rechtecke schneiden.

Zutaten für 4 Personen:

1 Aubergine (etwa 300 g)
Salz
500 g reife Tomaten
1 kleine Zwiebel
2 Knoblauchzehen
1 grüne Paprikaschote
4 Sardellenfilets (in Öl)
50 g schwarze Oliven
4 EL Olivenöl
1 Bund Basilikum
2 EL Kapern
schwarzer Pfeffer
400 g Spaghettini (dünne Spaghetti)
70 g frisch geriebener Pecorino (oder Parmesan)

Zubereitungszeit: etwa 50 Min.
Pro Portion etwa:
2500 kJ / 600 kcal
24 g EW / 20 g F / 85 g KH

Aus Sizilien

Spaghettini alla siracusana

Die Aubergine waschen, putzen, klein würfeln und in einer Schüssel mit Salz vermischen, 15 Min. ziehen lassen. Inzwischen die Tomaten überbrühen, häuten und die Stielansätze entfernen, das Fruchtfleisch in Stücke schneiden.

Zwiebel und Knoblauch sehr fein würfeln. Die Paprikaschote waschen und putzen. Schote fein würfeln. Die Sardellenfilets mit Küchenpapier trocknen, in Streifen schneiden. Die Oliven entsteinen und in feine Streifen schneiden.

Olivenöl in einer großen Pfanne erhitzen, Zwiebel und Knoblauch darin bei mittlerer Hitze 3 Min. andünsten. Die Auberginenwürfel in ein Sieb schütten, kurz abspülen und fest ausdrücken, zu der Zwiebel geben und 5 Min. mitbraten, dann Paprikawürfel und Tomaten dazugeben und unter gelegentlichem Umrühren 15–20 Min. bei schwacher Hitze offen schmoren lassen. Eventuell etwas Wasser angießen.

Inzwischen reichlich Salzwasser aufkochen. Die Spaghettini darin nach Packungsangabe bißfest kochen lassen.

Das Basilikum waschen. Die Blätter abzupfen und in Streifen schneiden. Mit den Oliven, den Sardellen und den Kapern zu der Auberginensauce geben, vorsichtig mit Salz und Pfeffer abschmecken.

Die Nudeln abtropfen lassen und mit der Sauce vermischen. Mit Pecorino bestreut servieren.

Variante:
Spaghetti alla puttanesca

Die berühmte Spaghettisauce aus Kampanien wird ähnlich wie die Sauce alla siracusana zubereitet, allerdings ohne Auberginen und Paprika. Schmoren Sie etwa 600 g Tomaten mit Zwiebeln und Knoblauch in Olivenöl. Aromatisieren Sie die Sauce mit Oliven, Sardellen und Kapern. Statt Basilikum fein gehackte Petersilie unterrühren.

Schmetterlingsnudeln mit Möhrencreme

Zutaten für 4 Personen:

750 g Möhren
2 EL Butter
1 EL Honig
Salz
schwarzer Pfeffer
200 ml Gemüse- oder Hühnerbrühe
250 g Sahne
400 g Schmetterlingsnudeln
4 EL gehobelte Mandeln
einige Zweige frische Zitronenmelisse

Zubereitungszeit: etwa 50 Min.
Pro Portion etwa:
3000 kJ / 710 kcal
19 g EW / 35 g F / 85 g KH

Preiswert

Die Möhren waschen, putzen und klein würfeln. Die Butter in einem Topf aufschäumen lassen, die Möhren darin kurz andünsten. Mit Honig, Salz und Pfeffer würzen, die Brühe und die Sahne angießen. Zugedeckt bei schwacher Hitze 10–12 Min. köcheln lassen.

Inzwischen reichlich Salzwasser aufkochen lassen. Die Schmetterlingsnudeln darin nach Packungsanleitung bißfest kochen.

Die Mandeln in einer Pfanne ohne Fett goldbraun rösten, aus der Pfanne nehmen und beiseite stellen. Die Zitronenmelisse waschen und zerzupfen oder grob hacken.

Etwa ein Drittel der Möhren aus dem Topf nehmen. Die übrigen Möhren mit der Flüssigkeit im Mixer oder mit dem Pürierstab pürieren. Die Möhrencreme wieder aufkochen lassen, die Möhrenstücke untermischen und alles abschmecken.

Die Schmetterlingsnudeln abtropfen lassen, mit der Möhrensauce anrichten, mit Mandeln und Zitronenmelisse bestreuen.

Das besondere Rezept !

Ein ebenso preiswertes wie gesundes Essen für die ganze Familie: Die Möhrencreme ist nicht nur kinderleicht zubereitet, mit ihrem süßlichen Aroma schmeckt sie auch kleinen Naschkatzen gut. Und nebenbei liefert sie auch reichlich Vitamine und Mineralstoffe, vor allem das Provitamin A. Butter und Sahne sorgen dafür, daß es optimal vom Körper aufgenommen werden kann. Rundum vollwertig wird das Nudelgericht, wenn Sie Möhren aus biologischem Anbau, Meersalz und Vollkorn-Nudeln verwenden.

Zutaten für 4 Personen:

1 kleiner Weißkohl (etwa 600 g)
1 große Zwiebel · 2 EL Butter
1 EL Zucker
1 EL Apfelessig
1/8 l Fleischbrühe
Salz · schwarzer Pfeffer
1 TL Kümmel
400 g sehr breite Bandnudeln
2 EL frisch gehackte Petersilie

Zubereitungszeit: etwa 45 Min.
Pro Portion etwa:
1900 kJ / 450 kcal
16 g EW / 10 g F / 82 g KH

Aus Österreich

Krautfleckerln

Den Weißkohl vierteln. Die äußeren Blätter ablösen, den Strunk keilförmig herausschneiden. Den Kohl dann in feine Streifen schneiden oder hobeln.

Die Zwiebel hacken. Die Butter in einem Topf aufschäumen lassen, die Zwiebel darin glasig werden lassen. Den Zucker darüber streuen und ein wenig karamelisieren lassen. Den Kohl dazugeben und gut andünsten, dann den Essig und die Brühe angießen. Alles mit Salz, Pfeffer und Kümmel würzen und zugedeckt bei schwacher Hitze 30 Min. dünsten.

Inzwischen reichlich Salzwasser aufkochen lassen. Die Nudeln in 3–4 cm kurze Stücke brechen und nach Packungsanleitung bißfest kochen.

Die Nudeln abtropfen lassen und unter den Kohl mischen, alles abschmecken und mit Petersilie bestreut servieren.

Tip: Selbstverständlich können Sie die Fleckerln auch selbermachen: Nudelteig mit Ei herstellen (Rezept Seite 19), dünn ausrollen und in gleichmäßig breite Streifen, diese dann in Quadrate oder Rechtecke schneiden. Die Größe der Fleckerln können Sie selbst bestimmen. Beliebt sind Quadrate mit 3–4 cm Kantenlänge.

Variante:
Schinkenfleckerln

Braten Sie 3 EL Zwiebelwürfel in 1 EL Butter an. Mit 200 g gewürfeltem gekochtem Schinken, den gegarten Nudeln, 2 Eigelben, 125 g saurer Sahne, Petersilie, Salz und Pfeffer mischen. 2 Eiweiße zu Schnee schlagen und vorsichtig unterheben. In eine gebutterte Form geben, mit Semmelbröseln und Butterflöckchen bedecken und im Backofen bei 200° (Umluft 180°) 30 Min. überbacken.

Zutaten für 4 Personen:

200 g braune Linsen
1 rote Zwiebel
1 Knoblauchzehe
300 g Kürbis
2 reife, große Fleischtomaten
1 1/2 EL Olivenöl
Salz
schwarzer Pfeffer
400 g Orecchiette (Öhrchennudeln)
1 EL frisch gehackte Petersilie
30 g frisch geriebener Parmesan

Zubereitungszeit: etwa 30 Min. (+ 1 Std. Quellzeit)
Pro Portion etwa:
2300 kJ / 550 kcal
28 g EW / 8 g F / 95 g KH

Vegetarisch

Orecchiette mit Linsen

Die Linsen mit Wasser bedecken, aufkochen und 2 Min. kochen lassen. Vom Herd ziehen und 1 Std. quellen lassen.

Nach 45 Min. die Zwiebel und den Knoblauch hacken. Den Kürbis schälen, die Tomaten waschen und abtrocknen. Beides in etwa 2 cm dicke Würfel schneiden, dabei von den Tomaten die Stielansätze entfernen.

1 EL Öl in einem Topf erhitzen und die Zwiebel, den Knoblauch, den Kürbis und die Tomaten darin 5 Min. andünsten. Die Linsen hinzufügen und alles 10 Min. bei mittlerer Hitze zugedeckt garen, salzen und pfeffern.

Reichlich Salzwasser aufkochen lassen. Die Orecchiette darin nach Packungsanleitung bißfest kochen und abgießen. Mit 1/2 EL Öl, Pfeffer, der Petersilie und der Linsensauce vermischen. Den Parmesan dazu servieren.

Tip: Vollwertig wird dieses Gericht, wenn Sie es mit Vollkorn-Orecchiette, kaltgepreßtem Olivenöl und Meersalz zubereiten. Öhrchennudeln aus Vollkorn finden Sie in Bioläden, manchmal auch in italienischen Feinkostgeschäften. Sehr gut schmecken Mischungen von hellen und braunen Nudeln. Achten Sie darauf, daß die Nudeln dieselbe Garzeit haben. Oder geben Sie die Sorte mit kürzerer Garzeit erst später ins Nudelwasser.

Variante:
Orecchiette mit Spinat

Für diese Version statt Kürbis 200 g Blattspinat nehmen, in Streifen schneiden und mit den Linsen zu den Tomaten geben.

Zutaten für 4 Personen:

Für den Teig:
100 g Buchweizenmehl
100 g Weizenmehl (Type 405)
2 Eier
Salz
1/8 l Milchwasser (halb Milch, halb Wasser)
Für die Gemüsesauce:
250 g Möhren
250 g Staudensellerie
300 g Wirsing
150 g Mangold oder Wurzelspinat
200 g vorwiegend festkochende Kartoffeln
100 g Bauchspeck
1 kleine Zwiebel
20 g Butter
Salz · Pfeffer
Zum Servieren:
150 g frisch geriebener Greyerzer oder Fontinakäse
2 Knoblauchzehen
60 g Butter

Zubereitungszeit: etwa 1 1/2 Std.
Pro Portion etwa:
3300 kJ / 790 kcal
27 g EW / 50 g F / 55 g KH

Aus Österreich

Pizzoccheri

Das Mehl in einer Schüssel mischen. Die Eier mit dem Salz verquirlen. Das Mehl mit den Eiern verrühren. Das Milchwasser unterrühren, bis ein zähflüssiger Teig entsteht. Den Teig schlagen, bis er Blasen wirft. Falls der Teig zu flüssig ist, noch etwas Mehl unterschlagen. Den Teig 30 Min. ruhen lassen.

Inzwischen das Gemüse waschen. Die Möhren schälen und in kleine Stifte schneiden. Den Sellerie wie Spargel schälen und ebenfalls in Stifte schneiden. Wirsing- und Mangold- oder Spinatblätter von den dicken Stielen befreien und in Streifen schneiden. Die Kartoffeln schälen und würfeln.

Den Speck und die Zwiebel hacken und in 20 g Butter andünsten. Die Gemüse dazugeben und kurz mitdünsten. Mit Salz und Pfeffer abschmecken. 1/4 l Wasser angießen, erneut abschmecken und zugedeckt 10–15 Min. bei schwacher Hitze garen.

Reichlich Salzwasser aufkochen lassen. Den Teig portionsweise von einem nassen Brett mit einem nassen Messer in breiten Streifen ins sprudelnde Wasser schaben (siehe Seite 26). Die Pizzoccheri mit einem Schaumlöffel herausnehmen, sobald sie oben schwimmen, und mit dem Gemüse mischen.

Den Knoblauch grob hacken, mit der Butter kurz aufschäumen lassen. Heiße Knoblauchbutter darüber gießen.

Zum Servieren die Pizzoccheri mit dem Gemüse in einer sehr flachen Schüssel anrichten und mit dem Käse bestreuen.

Info: Typisch für diese Nudelspezialität aus dem Veltin ist der Teig, der aus Buchweizenmehl und Weizenmehl gemacht wird. Die Eier sorgen dafür, daß der Teig nicht in harten Krümeln auseinanderfällt. In manchen Gegenden werden die Pizzoccheri nur aus Buchweizenmehl, Weizenmehl, Salz und Wasser gefertigt.

Nudeln mit Walnußsauce

Zutaten für 4 Personen:

30 g Weißbrot ohne Rinde
1/8 l Milch
150 g Walnußkerne
1 Knoblauchzehe
50 g frisch geriebener Pecorino (oder Parmesan)
1 TL frisch gehackter Majoran
Salz
4 EL Olivenöl
6 EL Sahne · Pfeffer
400 g Bandnudeln

Zubereitungszeit: etwa 1 Std.
Pro Portion etwa:
3300 kJ / 790 kcal
21 g EW / 40 g F / 80 g KH

Für Geübte

Das Brot in Stücke schneiden und in die Milch einlegen. Die Walnüsse in eine Schüssel legen, mit kochendem Wasser überbrühen. Nach dem Abkühlen abgießen, die braunen Häutchen so gut wie möglich abstreifen.

Inzwischen den Backofen auf 150° vorheizen. Die Nüsse auf Küchenpapier abtropfen lassen. Auf ein Backblech legen und im vorgeheizten Ofen (Umluft 130°) 10–15 Min. leicht rösten. 100 g Nüsse fein mahlen, 50 g Nüsse grob hacken.

Das Brot ausdrücken. Den Knoblauch dazupressen. Beides mit den gemahlenen Nüssen, dem Pecorino, dem Majoran und wenig Salz im Mörser zu einer Paste verarbeiten. Das Öl nach und nach einarbeiten. Zuletzt die Sahne unter die Paste rühren, die gehackten Nüsse dazugeben und mit Salz und Pfeffer nachwürzen.

Inzwischen reichlich Salzwasser aufkochen lassen. Die Bandnudeln darin nach Packungsanleitung bißfest kochen, abgießen und mit der Sauce gut mischen.

Der Tip vom Profi

!

Sollte die Sauce zu dick sein, verdünnen Sie sie mit Nudelkochwasser. Und so können Sie bei der Zubereitung Zeit sparen: Verwenden Sie gehäutete Walnüsse, die Sie in Feinkostgeschäften bekommen. Sie sind allerdings nicht ganz billig. 50 g Kerne grob hacken. Die restlichen mit dem Brot und dem Knoblauch im Mörser zerstoßen, dann im Mixer mit 1–2 EL Nudelkochwasser zu einer Paste verarbeiten. Öl und Sahne mit dem Mixer in die Paste einarbeiten. Zum Schluß die gehackten Kerne mit dem Holzlöffel untermischen.

Kräuterspätzle mit Sahne-Pilzen

Zutaten für 4 Personen:

Für den Teig:
125 g Weizenmehl (Type 405)
125 g Weizenvollkornmehl
je 2 EL frisch gehackte Petersilie und Schnittlauch
1 Prise frisch geriebene Muskatnuß
Salz
2 Eier
1 EL Olivenöl
Für die Sauce:
250 g Egerlinge
1 Knoblauchzehe
1 Frühlingszwiebel
1 EL Olivenöl
4 EL trockener Weißwein nach Belieben
1/2 TL frisch gehackter Estragon
Salz
schwarzer Pfeffer
3 EL Crème fraîche
2 EL Kefir

Zubereitungszeit: etwa 1 Std.
Pro Portion etwa:
1500 kJ / 360 kcal
12 g EW / 13 g F / 45 g KH

Vegetarisch

Lassen Sie sich zu den Kräuterspätzle aus Schwaben einen trockenen deutschen Weißwein schmecken

Weizenmehl, Weizenvollkornmehl, Petersilie und Schnittlauch mischen und mit dem Muskat, Salz und den Eiern verrühren. Etwa 1/8 l Wasser hinzufügen, bis ein zäher Teig entsteht. Den Teig schlagen, bis er Blasen wirft, dann das Öl unterarbeiten. Den Teig etwa 30 Min. ruhen lassen.

Inzwischen für die Sauce die Pilze putzen und in dünne Scheiben schneiden. Den Knoblauch hacken. Die Frühlingszwiebel putzen, waschen und kleinschneiden.

Das Öl in einer Pfanne erhitzen und den Knoblauch, die Zwiebel und die Pilze darin dünsten, bis alle Flüssigkeit verdampft ist. Nach Belieben den Wein und Estragon hinzufügen, die Pilze mit Salz und Pfeffer abschmecken.

Reichlich Salzwasser aufkochen lassen. Den Spätzleteig portionsweise von einem nassen Brett mit einem nassen Messer in schmalen Streifen ins sprudelnde Wasser schaben (siehe Seite 26) Die Spätzle mit einem Schaumlöffel herausheben, sobald sie oben schwimmen, heiß überbrausen und auf eine heiße Platte geben.

Die Pilze mit der Crème fraîche aufkochen lassen und den Kefir unterrühren. Die Sauce über die Spätzle gießen und servieren.

Tip: Zu den Spätzle passen sehr gut Preiselbeeren und Blattspinat.

Variante:
Käsespätzle

Die Spätzle ohne Kräuter zubereiten und portionsweise jeweils mit etwas geriebenem Allgäuer Emmentaler oder Bergkäse bestreuen. Sie brauchen insgesamt etwa 80 g Käse. 1 Zwiebel in feine Ringe schneiden und in einer großen Pfanne in Olivenöl leicht rösten. Die Käsespätzle mit den gerösteten Zwiebelringen servieren.

Buchweizenspätzle

Spätzle lassen sich auch gut aus Buchweizenmehl herstellen. Für den Teig mischen Sie statt Vollkornmehl Buchweizenmehl mit dem Weizenmehl. Wichtig ist, daß Sie beide Mehlsorten gut vermischen. Außerdem brauchen Sie 3 Eier, 100 ml Wasser und 1 EL Öl. Zuerst die Eier mit etwa 50 ml Wasser und dem Öl verrühren, dann das Mehl unterarbeiten. Wenn nötig, das restliche Wasser dazugeben. Der Teig soll zäh und dickflüssig sein. Gewürzt wird er mit 1/2 TL Salz und geriebener Muskatnuß. Den Teig am besten durch die Spätzlepresse ins kochende Wasser drücken.

Da diese Buchweizenspätzle traditionell aus Südtirol stammen, paßt dazu eine Spinat-Specksauce aus 250 g Spinat, 120 g Tiroler Speck (durchwachsen) und 200 g Sahne. Den Spinat putzen und fein hacken. Den Speck in feine Würfel schneiden und in wenig Öl in einer großen Pfanne anbraten. Die Sahne dazugießen und kurz aufkochen. 1 EL gehackte Petersilie und den Spinat unterrühren und 3 Minuten köcheln lassen. Mit den Buchweizenspätzle mischen. Mit geriebenem Parmesan bestreuen.

Mehle und Kräuter mischen. In der Mitte eine Mulde formen. Eier hineingeben und mit Mehl, Kräutern und Gewürzen verrühren.

Das Wasser dazugießen und alles mit einem Kochlöffel zu einem glatten, zähen Teig verrühren.

Den Teig mit dem Kochlöffel schlagen, bis er Blasen wirft, dann 1 EL Öl unterarbeiten.

Zutaten für 4 Personen:

Für den Teig:
150 g feingemahlener Dinkel
150 g feingemahlene Hirse
(+ Mehl für die Arbeitsfläche)
2 Eier
2 EL kaltgepreßtes Olivenöl
1 TL Meersalz
1 Msp. Safran
Für die Sauce:
1 gelbe Paprikaschote
1 große, reife Fleischtomate
300 g Broccoli
1 rote Zwiebel
1 Knoblauchzehe
Meersalz
2 EL kaltgepreßtes Olivenöl
1 kleiner Zweig Rosmarin
4 EL Sahne
1 Msp. Safran

Zubereitungszeit: etwa 1 1/2 Std.
Pro Portion etwa:
1900 kJ / 450 kcal
12 g EW / 16 g F / 30 g KH

Vollwertig

Safrannudeln mit Broccoli

Aus dem Dinkel, der Hirse, den Eiern, dem Öl, dem Salz, dem Safran und 2 – 4 EL Wasser einen Nudelteig herstellen (siehe Seiten 19 und 20). Den Teig kräftig durchkneten. Mit einem feuchten Tuch bedecken und 30 Min. ruhen lassen.

Für die Sauce die Gemüse waschen. Die Paprikaschote putzen und in Streifen schneiden. Die Tomate überbrühen, häuten, in kleine Würfel schneiden, dabei den Stielansatz entfernen. Den Broccoli in kleine Röschen teilen, den Strunk schälen und in Scheiben schneiden. Die Zwiebel und den Knoblauch hacken.

Den Nudelteig mit dem Nudelholz auf einer bemehlten Arbeitsfläche oder mit der Nudelmaschine dünn ausrollen und zu Bandnudeln schneiden (siehe Seite 22 und 23).

Inzwischen reichlich Salzwasser aufkochen lassen. In einer Pfanne das Öl bei mittlerer Hitze erhitzen und die Zwiebel, den Knoblauch und die Paprikaschote darin 5 Min. dünsten. Die Tomatenwürfel und den Rosmarin hinzufügen.

Den Broccoli im sprudelnden Salzwasser 5 Min. garen, mit dem Schaumlöffel herausheben. Dann die Nudeln im Broccoli-Wasser nach Packungsanleitung bißfest kochen. Die Sahne mit dem Safran verrühren und zum Gemüse geben. Mit Salz und Pfeffer abschmecken. Den Broccoli untermischen. Die Nudeln abgießen und mit der Broccoli-Gemüsesauce servieren.

Variante:
Safrannudeln mit Austernpilzen

Statt des Broccoli 200 g Austernpilze und 1/2 Fenchelknolle, beides in Streifen geschnitten, mit der Paprika mit dünsten.

Nudeln mit Kichererbsen

Zutaten für 4 Personen:

150 g getrocknete Kichererbsen
350 g Blattgemüse (z. B. Mangold, Wurzelspinat oder Rote-Bete-Blätter)
1 unbehandelte Zitrone
4 mittelgroße Zwiebeln
2 Knoblauchzehen
2 EL Olivenöl
2 EL frisch gehackter Dill
Salz
schwarzer Pfeffer
350 g dünne Bandnudeln oder Spaghetti
150 g Schafkäse

Zubereitungszeit: etwa 50 Min. (+ 8 Std. Einweichzeit + 1 1/2 Std. Garzeit)
Pro Portion etwa: 2400 kJ / 570 kcal
29 g EW / 15 g F / 84 g KH

Aus Griechenland

Die Kichererbsen abspülen und in kaltem Wasser einweichen, am besten über Nacht.

Die Kichererbsen im Einweichwasser einmal aufkochen lassen, Wasser abgießen. Die Kichererbsen mit frischem Wasser aufsetzen und in 1 1/2 Std. weich kochen.

15 Min. vor Ende der Garzeit das Blattgemüse putzen, waschen, abtropfen lassen und grob hacken. Von der Zitrone etwa 2 TL Schale abreiben, Saft auspressen.

Die Zwiebeln und den Knoblauch hacken, in einem großen Topf in dem Olivenöl bei mittlerer Hitze goldgelb dünsten.

Die Kichererbsen abgießen und mit der Zitronenschale unter die Zwiebeln rühren. Alles 5 Min. zugedeckt bei schwacher Hitze garen. Die gehackten Blätter dazugeben und 5–10 Min. zugedeckt mitgaren, bis die Blätter weich sind. Zitronensaft und Dill unterrühren, sparsam mit Salz und Pfeffer abschmecken, beiseite stellen.

Inzwischen reichlich Salzwasser aufkochen lassen. Die Nudeln darin nach Packungsanleitung bißfest kochen, abgießen und in eine Schüssel füllen. Mit dem Kichererbsen-Gemüse vermischen und mit zerbröckeltem Schafkäse bestreut servieren.

Tip: Würzen Sie zunächst vorsichtig mit Salz. Denn auch der Schafkäse schmeckt salzig.

Info: Dieses Gericht wird auf den griechischen Kykladen-Inseln vor allem im Frühjahr während der Fastenzeit gegessen, allerdings wird dann kein Käse darübergestreut.

Zutaten für 4 Personen:

Salz
2 Köpfe Radicchio (möglichst länglicher Trevisano; je etwa 175 g)
75 g Walnußkerne
1 kleine Zwiebel
2 Knoblauchzehen
50 g Butter
3 EL Olivenöl
400 g Bandnudeln
schwarzer Pfeffer
75 g frisch geriebener Parmesan

Zubereitungszeit: etwa 30 Min.
Pro Portion etwa:
2900 kJ / 690 kcal
25 g EW / 33 g F / 74 g KH

Schnell

Bandnudeln mit Radicchio

Reichlich Salzwasser aufkochen lassen. Inzwischen den Radicchio putzen, die Wurzelansätze abschneiden, die Blätter ablösen und waschen, trocknen und in schmale Streifen schneiden. Die Walnußkerne grob hacken.

Die Zwiebel und den Knoblauch fein würfeln, in etwa 20 g Butter und dem Olivenöl bei mittlerer Hitze glasig dünsten.

Die Bandnudeln im sprudelnden Salzwasser nach Packungsanleitung bißfest kochen.

Eine Schüssel im Backofen bei 50° vorwärmen. Die Salatstreifen und die Nüsse zu der Zwiebel-Knoblauchmischung geben, 5 Min. zugedeckt bei schwacher Hitze dünsten, mit Salz und Pfeffer würzen. Die Mischung in die vorgewärmte Schüssel füllen.

Die Nudeln abgießen und nur kurz abtropfen lassen, damit die Nudeln nicht zu trocken sind. In der Schüssel mit dem Radicchio, der restlichen Butter und dem geriebenen Käse vermischen, sofort servieren.

Tip: Das leicht bittere Nudelgericht eignet sich besonders gut als appetitanregende Vorspeise für 4 – 6 Personen.

Zutaten für 4 Personen:

Meersalz
2 EL Sojasauce
2 EL Aceto Balsamico
schwarzer Pfeffer
4 EL kaltgepreßtes Sonnenblumenöl
1 EL Sesamöl
200 g ausgelöste Erbsen (etwa 500 g Erbsenschoten)
250 g Zuckerschoten
4 Frühlingszwiebeln
1 EL geschälte Sesamsamen
1 Prise Cayennepfeffer
400 g Weizenkeim-, Hirse, Sechskorn- oder Hartweizen-Spaghetti
1 EL frisch gehacktes Koriandergrün (oder Petersilie)
60 g frisch geriebener Pecorino

Zubereitungszeit: etwa 30 Min.
Pro Portion etwa:
2900 kJ / 690 kcal
27 g EW / 15 g F / 85 g KH

Vollwertig

Sesamnudeln mit Zuckerschoten

In zwei Töpfen jeweils reichlich Salzwasser aufkochen lassen. Inzwischen die Sojasauce und den Aceto mit Salz, Pfeffer und den Ölen vermischen. Die Gemüse waschen. Die Erbsen abtropfen lassen. Die Zuckerschoten in etwa 1 cm große Rauten schneiden Die Frühlingszwiebeln putzen und in dünne Ringe schneiden.

In einer Pfanne ohne Fett den Sesamsamen rösten, bis er zu duften beginnt. Mit dem Cayennepfeffer würzen. Dann beiseite stellen.

Die Spaghetti im sprudelnden Salzwasser nach Packungsanleitung bißfest kochen. In dem anderen Topf die Erbsen 4 Min., die Zuckerschoten 2 Min. garen.

Nudeln und Gemüse abgießen und mit den Frühlingszwiebeln, dem Koriandergrün und der Sauce in einer großen Schüssel vermischen. Mit dem Sesamsamen und dem Pecorino bestreut servieren.

Muschelnudeln mit Erbsen und Spargel

Zutaten für 4 Personen:

2 Frühlingszwiebeln
500 g grüner Spargel
Salz
400 g Muschelnudeln
1 1/2 EL Olivenöl
300 g ausgelöste Erbsen (etwa 600 g Erbsenschoten)
2 EL Crème fraîche
2 EL saure Sahne
schwarzer Pfeffer
1 EL frisch gehackte Minze
30 g frisch geriebener Pecorino

Zubereitungszeit: etwa 25 Min.
Pro Portion etwa:
2700 kJ / 640 kcal
33 g EW / 10 g F / 100 g KH

Vegetarisch

Die Gemüse waschen und putzen. Die Frühlingszwiebeln in feine Ringe schneiden. Die unteren Enden der Spargelstangen abschneiden. Dann die Stangen im unteren Drittel dünn schälen, längs halbieren und in etwa 2 cm lange Stücke schneiden.

Reichlich Salzwasser aufkochen lassen. Die Muschelnudeln darin nach Packungsanleitung bißfest kochen.

Inzwischen das Öl in einer großen Pfanne erhitzen und die Zwiebeln, den Spargel und die Erbsen darin in 5 Min. bißfest dünsten. Mit der Crème fraîche und der sauren Sahne aufkochen lassen und mit Salz, Pfeffer und Minze würzen.

Die Nudeln abgießen, die Gemüsepfanne vom Herd nehmen und die Nudeln darin wenden. Mit Käse bestreut servieren.

Variante:
Muschelnudeln mit Zuckerschoten

Statt Spargel und Erbsen 300 g Zuckerschoten und 250 g halbierte Kirschtomaten verwenden. Das Gemüse mit den Zwiebeln nur 2 – 4 Min. garen.

Zutaten für 4 Personen:

Salz
300 g chinesische Eiernudeln (Asienladen)
100 g frische Shiitakepilze
1 Bund Frühlingszwiebeln
200 g junge Möhren
100 g Zuckerschoten
100 g Sojabohnensprossen
1 Stück Ingwer (etwa walnußgroß)
2 Knoblauchzehen
4 EL Öl
150 ml Hühnerbrühe
Cayennepfeffer

Zubereitungszeit: etwa 30 Min.
Pro Portion etwa:
1600 kJ / 380 kcal
12 g EW / 11 g F / 57 g KH

Schnell

Gebratene Gemüsenudeln

Reichlich Salzwasser aufkochen lassen. Die Nudeln darin nach Packungsangabe bißfest kochen. In ein Sieb abgießen und unter kaltem Wasser abkühlen lassen.

Inzwischen die Pilze, Frühlingszwiebeln, Möhren, Zuckerschoten und Sprossen waschen und putzen. Pilze und Zuckerschoten in Streifen, Frühlingszwiebeln und Möhren in dünne, schräge Scheiben schneiden.

Den Ingwer und den Knoblauch schälen und hacken. Das Öl in einem Wok oder einer tiefen Pfanne erhitzen, Ingwer und Knoblauch leicht anbraten. Nach und nach zuerst die Möhren und die Zuckerschoten 1–2 Min. mitbraten, dann die Pilze und dann die Frühlingszwiebeln und die Sprossen in den Wok geben und braten, bis das Gemüse bißfest ist. Mit Brühe ablöschen, dann die Nudeln untermischen und ganz kurz im Wok verrühren. Mit Salz und Cayennepfeffer abschmecken.

Variante:
Scharfe Broccolinudeln

Dafür 2–3 kleine rote Chilischoten putzen, entkernen, waschen und hacken, mit dem Knoblauch und dem Ingwer anbraten. Die Pilze und etwa 400 g Broccoliröschen statt der Möhren, Zuckerschoten und der Sojabohnensprossen mit anbraten, dann Brühe und Nudeln dazugeben. Wer gern sehr scharfe Speisen ißt, kann auch mehr Chilischoten verwenden.

Zu den gebratenen Gemüsenudeln aus Asien trinken Sie stilecht Bier oder grünen Tee.

Reisnudeln mit Pfefferöl und Gemüse

Zutaten für 4 Personen:

12 getrocknete Shiitakepilze (Tongupilze, Asienladen)
1 Frühlingszwiebel
2 Knoblauchzehen
1 rote Chilischote
1 rote Zwiebel
1 rote Paprikaschote
350 g Zucchini
100 g Sojabohnensprossen
Salz
4 EL Sonnenblumenöl
Szechuan-Pfeffer (Asienladen)
1 TL grob gestoßener bunter Pfeffer
400 g breite Reisnudeln (Asienladen)
1 TL frisch geriebener Ingwer
1/8 l Gemüsebrühe oder Nudelwasser
3 EL Sojasauce
1 EL frisch gehacktes Koriandergrün (oder glatte Petersilie)

Zubereitungszeit: etwa 40 Min.
Pro Portion etwa:
2000 kJ / 480 kcal
11 g EW / 10 g F / 86 g KH

Aus Vietnam

Die Pilze in warmem Wasser 20 Min. einweichen.

Inzwischen die Gemüse waschen. Die Frühlingszwiebel putzen, längs aufschlitzen und quer in dünne Streifen schneiden. Den Knoblauch hacken. Die Chilischote aufschlitzen, putzen, entkernen, waschen und kleinschneiden. Die rote Zwiebel in kleine Würfel schneiden. Die Paprikaschote putzen und in dünne Streifen schneiden. Die Zucchini längs halbieren und in dünne Scheiben schneiden. Die Sprossen in einer Schüssel waschen, die oben schwimmenden grünen Hülsen entfernen. Die Sprossen abtropfen lassen, ebenso die Pilze abtropfen lassen und entstielen.

Reichlich Salzwasser aufkochen lassen. Inzwischen 3 EL Öl im Wok oder einer Pfanne erhitzen und darin den Knoblauch, die Frühlingszwiebel und die Chilischote 1 Min. andünsten. Mit 1 TL Szechuan-Pfeffer und dem bunten Pfeffer würzen.

Die Nudeln im sprudelnden Salzwasser nach Packungsanleitung bißfest kochen, abgießen und dabei eventuell 1/8 l Nudelwasser auffangen. Die pfeffrige Ölmischung unter die Nudeln mischen und diese bei 70° im Backofen warm stellen.

Das restliche Öl im Wok oder einer Pfanne erhitzen und die rote Zwiebel, die Paprikaschoten, die Zucchini und die Pilze darin 4 Min. dünsten. Mit dem Ingwer, Salz und dem Nudelwasser oder der Brühe vermischen und alles noch 5 Min. garen. Mit der Sojasauce und Szechuan-Pfeffer abschmecken. Die Sprossen hinzufügen und 3 Min. mitgaren. Die Nudeln auf das Gemüse betten und mit dem Koriandergrün bestreuen.

MIT FLEISCH UND FISCH

Pappardelle mit Wildhase

Zutaten für 4 Personen:

1 Zwiebel
1 Möhre
1 Stück Knollensellerie
250 g Wildknochen (z. B. von Wildhase, Reh oder Hirsch, evtl. beim Händler zerhacken lassen)
2 EL Butterschmalz
1 EL Tomatenmark
1/4 l trockener Rotwein
250 g Wildhasenfleisch ohne Knochen
Salz
Pfeffer
400 g Pappardelle (sehr breite Bandnudeln)
1 Hasen- oder Kaninchenleber
2 EL frisch gehackte gemischte Kräuter (z. B. Petersilie, Thymian und Rosmarin)
50 g frisch geriebener Parmesan

Zubereitungszeit: etwa 1 Std. (+ 1 Std. Schmorzeit)
Pro Portion etwa: 2300 kJ / 570 kcal
34 g EW / 16 g F / 71 g KH

Für Gäste

Dazu paßt ein trockener italienischer Rotwein.

Für den Fond die Zwiebel grob hacken, die Möhre und den Sellerie schälen und kleinschneiden. Die Knochen in 1 EL Butterschmalz bei starker Hitze anbraten. Nach und nach Zwiebel, Möhre und Sellerie dazugeben und 10 Min. bei mittlerer Hitze mitbraten. Das Tomatenmark untermischen. Alles mit dem Rotwein ablöschen und 5 Min. offen einkochen lassen.

Dann 1 l Wasser zu den Knochen gießen, aufkochen und alles 1 Std. offen bei schwacher Hitze um die Hälfte einköcheln lassen. Bei Bedarf noch etwas Rotwein oder Wasser angießen.

Kurz vor Ende der Garzeit das Wildhasenfleisch schnetzeln. In einer Pfanne das restliche Butterschmalz erhitzen und das kleingeschnittene Fleisch darin 3 Min. anbraten, salzen, pfeffern und vom Herd ziehen.

Reichlich Salzwasser aufkochen lassen. Die Pappardelle darin nach Packungsanleitung bißfest kochen.

Inzwischen den fertigen Fond durch ein Sieb passieren und – falls nötig – bis auf etwa 400 ml bei starker Hitze offen einkochen lassen, dann etwas abkühlen lassen. Die Hasenleber kleinschneiden und mit dem Fond im Mixer pürieren. Die Sauce in einen Topf gießen.

Das gebratene Hasenfleisch mit einem Schaumlöffel aus der Pfanne nehmen. Den Bratensatz mit wenig Wasser lösen und zur Sauce geben. Die Sauce mit den gehackten Kräutern und dem gebratenen Fleisch vorsichtig erwärmen, mit Salz und Pfeffer abschmecken.

Die Pappardelle abgießen, mit der Sauce mischen und servieren. Den Parmesan getrennt dazu reichen.

Tip: Das Besondere an diesem Gericht ist die zeitaufwendige, aber auch unwiderstehlich aromatische Sauce. Achten Sie darauf, daß die Sauce bereits sämig eingekocht ist, bevor die Leber damit püriert wird. Am besten schmecken zu der Wildsauce selbstgemachte Pappardelle. Dafür einen Nudelteig mit Ei herstellen (Rezept Seite 19), dünn ausrollen und mit dem Messer oder der Nudelmaschine in etwa 2 cm breite Streifen schneiden. Die breiten Bandnudeln bis zum Kochen auf einem bemehlten Küchentuch trocknen lassen.

Info: »Pappardelle alla lepre« sind ein klassisches Nudelgericht aus der Toskana und Umbrien. Dort wird meist ein ganzer Wildhase verwendet, die Sauce wird mit Blut gebunden.

Für den Fond die Wildknochen bei starker Hitze anbraten. Dann das kleingeschnittene Gemüse mitbraten.

Den Rotwein dazugießen und alles 5 Min. kochen lassen. Dann das Wasser dazugießen und aufkochen lassen.

Den Fond nach 1 Stunde Kochzeit durch ein Spitzsieb passieren. Gemüse gut ausdrücken.

Zutaten für 4 Personen:
Für den Teig:
75 g zarter Blattspinat
200 g Mehl (+ Mehl für die Arbeitsfläche)
100 g Hartweizengrieß
2 Eier
1 TL Salz
1 EL Olivenöl
Für die Sauce:
100 g gekochter Schinken
Salz
50 ml Gemüsefond (aus dem Glas)
250 g Sahne
3 EL Olivenöl
Pfeffer
2 Knoblauchzehen
Zum Servieren:
75 g frisch geriebener Parmesan

Zubereitungszeit: etwa 1 1/2 Std.
Pro Portion etwa:
2800 kJ / 670 kcal
23 g EW / 38 g F / 60 g KH

Aus Italien

Paglia e fieno

Spinatblätter verlesen, waschen und abtropfen lassen. In kochendem Wasser 2 Min. blanchieren, eiskalt abschrecken und abtropfen lassen. Fest ausdrücken und im Mixer fein pürieren.

Aus dem Mehl, dem Grieß, den Eiern, etwa 3 EL Wasser, dem Salz und dem Olivenöl einen Nudelteig herstellen (siehe Seite 19), halbieren. Die eine Hälfte mit dem Spinatpüree vermischen. Falls der Teig klebt, noch etwas Mehl untermischen. Beide Teige in Folie wickeln und mindestens 20 Min. ruhen lassen. Eine Schüssel im Backofen bei 75° anwärmen. Schinken in feine Streifen schneiden.

Den Nudelteig mit einem Nudelholz auf einer bemehlten Arbeitsfläche oder mit der Nudelmaschine dünn ausrollen und zu sehr schmalen Bandnudeln (fast wie Spaghetti) schneiden (siehe Seite 23). Reichlich Salzwasser aufkochen lassen und die Nudeln darin in 5–7 Min. bißfest garen. Den Gemüsefond in einem zweiten Topf um die Hälfte einköcheln lassen, die Sahne einrühren und bei schwacher Hitze miterhitzen. Die Nudeln abgießen, kurz abtropfen lassen.

In der heißen Schüssel die Gemüsefond-Sahne-Mischung mit den Schinkenstreifen, dem Olivenöl, Salz und Pfeffer verquirlen, den Knoblauch dazupressen und die Nudeln untermischen. Die Hälfte vom geriebenen Parmesan unterziehen und sofort servieren. Den restlichen Käse extra dazu reichen.

Tip: Paglia, »Heu«, sind die grünen, fieno, »Stroh«, die gelben Nudeln. Sie können natürlich auch fertig gekaufte in zwei Farben nehmen, wenn Sie Zeit sparen wollen. Wer frische Kräuter zur Hand hat, mischt noch fein gehacktes Grün unter die Sauce.

Zu dem Nudelklassiker paßt ein milder trockener Weißwein.

Spaghetti alla carbonara

Zutaten für 4 Personen:

100 g durchwachsener Räucherspeck
2 Knoblauchzehen
1 EL Butter
Salz
400 g Spaghetti
75 g frisch geriebener Parmesan
2 frische Eier
3 EL Sahne
schwarzer Pfeffer
frisch geriebene Muskatnuß
1 Zweig frisches Basilikum

Zubereitungszeit: etwa 30 Min.
Pro Portion etwa:
2900 kJ / 690 kcal
25 g EW / 31 g F / 76 g KH

Aus Italien

Eine große Servierschüssel im Backofen bei 75° erwärmen.

Den Speck sehr fein würfeln. Den Knoblauch in feine Scheibchen schneiden. In einer Pfanne die Butter erhitzen und die Speckwürfelchen und den Knoblauch bei mittlerer Hitze knusprig braten, mit dem Bratfett in die Schüssel geben und warm halten.

Reichlich Salzwasser aufkochen lassen und die Spaghetti darin nach Packungsanleitung bißfest kochen.

Inzwischen den geriebenen Käse mit den Eiern, der Sahne, Salz, reichlich Pfeffer und 1 Prise Muskat verrühren. Das Basilikum waschen, die Blätter abzupfen und in feine Streifen schneiden.

Die Nudeln abgießen, abtropfen lassen, in der Schüssel mit den Speckwürfeln und der Eier-Käsesauce vermischen. Mit Basilikumstreifen bestreuen und sofort servieren.

Tip: Da die Eier in diesem Gericht nicht erhitzt werden, sollten sie wegen der Salmonellengefahr wirklich frisch, d. h. höchstens eine Woche alt sein. Achten Sie beim Kauf auf das Legedatum.

Das besondere Rezept !

Mit diesem Originalrezept gelingt Ihnen die berühmte Eier-Speck-Sauce so, wie Sie sie aus dem Italienurlaub kennen: wunderbar cremig und fein aromatisch im Geschmack. Und das im Handumdrehen, denn für die Zubereitung benötigen Sie höchstens eine halbe Stunde. Ein einfaches, italienisches Essen, das Ihre Gäste freut und Ihren Geldbeutel kaum strapaziert. Servieren Sie die Spaghetti alla carbonara mit einem Insalata mista, einem gemischten Salat.

Der Tip vom Profi

Besonderen Geschmack erhält die Sauce, wenn Sie eine Handvoll Steinpilze mitschmoren. In Italien verstärkt man das Aroma zusätzlich durch etwas Fleischextakt. Dieser ungesalzene, echte Extrakt von Ochsenfleisch ist auch bei uns in Feinkostgeschäften (in weißen Porzellantöpfchen) erhältlich. Profiköche verwenden für das original »Ragù bolognese« kein fertiges Hackfleisch, sondern schneiden das Fleisch mit einem scharfen Messer dünn auf, hacken es dann nach und nach immer feiner.

Makkaroni alla bolognese

Zutaten für 4 Personen:

50 g Pancetta (oder durchwachsener Räucherspeck)
1 Möhre
1 Stange Staudensellerie
1 mittelgroße Zwiebel
1 Knoblauchzehe
4 EL Butterschmalz
200 g nicht zu fein gehacktes Rindfleisch
100 g nicht zu fein gehacktes Schweinefleisch
Salz · 2 EL Tomatenmark
1 Lorbeerblatt · 1 Gewürznelke
1/2 TL getrockneter Majoran
1 EL frisch gehackte Petersilie
1/8 l Rotwein (ersatzweise zusätzlich Brühe)
1/4 l Fleischbrühe · 5 EL Milch
Pfeffer
frisch geriebene Muskatnuß
400 g Makkaroni
100 g frisch geriebener Parmesan

Zubereitungszeit: etwa 40 Min. (+ 2 1/2 Std. Garzeit)
Pro Portion etwa:
3200 kJ / 760 kcal
29 g EW / 37 g F / 75 g KH

Läßt sich gut vorbereiten

Die Pancetta fein hacken. Die Möhre und den Sellerie putzen und ebenfalls hacken. Die Zwiebel und den Knoblauch sehr fein hacken. Alles in dem Butterschmalz anbraten. Beide Hackfleischsorten salzen und leicht mit anbraten.

Das Tomatenmark, das Lorbeerblatt, die Gewürznelke, den Majoran und die Petersilie hinzufügen. Mit dem Rotwein ablöschen und etwas einkochen lassen. Nach und nach die Fleischbrühe zugeben. Bei schwacher Hitze mindestens 2 1/2 Std. zugedeckt schmoren lassen, bis eine sämige Sauce entstanden ist.

Die Milch über der Fleischsauce verteilen. Weiterschmoren lassen, bis die Milch ganz aufgesogen ist. Die Sauce mit Salz, Pfeffer und 1 Prise Muskatnuß abschmecken.

Etwa 15 Min. vor Ende der Garzeit reichlich Salzwasser aufkochen lassen. Die Makkaroni darin nach Packungsanleitung bißfest kochen, in ein Sieb abgießen und mit der Sauce mischen. Mit dem Käse bestreut servieren.

Fettuccine nach römischer Art

Zutaten für 4 Personen:

- 20 g getrocknete Steinpilze
- 50 g luftgetrockneter roher Schinken
- 2 mittelgroße Zwiebeln
- 2 Fleischtomaten
- 1 kleine Stange Staudensellerie
- 4 EL Butter
- 1 EL Tomatenmark
- 1 Knoblauchzehe
- 1/8 l Geflügelbrühe
- Salz · Pfeffer
- 250 g Geflügellebern
- 200 ml trockener Weißwein (ersatzweise zusätzlich Geflügelbrühe)
- 400 g Fettuccine (Bandnudeln)
- 60 g frisch geriebener Parmesan
- 60 g frisch geriebener Pecorino

Zubereitungszeit: etwa 1 1/2 Std.
Pro Portion etwa:
3400 kJ / 810 kcal
37 g EW / 31 g F / 78 g KH

Für Gäste

Die Pilze in warmem Wasser 30 Min. quellen lassen, dann abgießen. Inzwischen das Fett vom Schinken abschneiden und hacken, den Schinken kleinschneiden. Zwiebeln hacken. Tomaten kurz überbrühen, häuten, entkernen, ohne die Stielansätze würfeln. Staudensellerie waschen, putzen und kleinschneiden.

Schinkenfett und Zwiebeln in 1 EL Butter bei mittlerer Hitze 2–3 Min. andünsten. Tomatenwürfel und Tomatenmark dazugeben. Den Knoblauch etwas zerdrücken, mit dem Sellerie und der Geflügelbrühe dazugeben, zugedeckt bei schwacher Hitze 45 Min. garen. Falls die Sauce zu flüssig ist, in den letzten 10 Min. offen einköcheln lassen, Schinken und Pilze hinzufügen. Mit Salz und Pfeffer abschmecken.

Die Lebern putzen, in dünne Scheiben schneiden und in 2 EL Butter kurz anbraten, herausnehmen. Bratensatz mit dem Weißwein ablöschen, etwas einkochen lassen. Mit den Lebern zur Sauce geben. Inzwischen reichlich Salzwasser aufkochen lassen. Die Fettuccine darin nach Packungsanleitung bißfest kochen. Abgießen, abtropfen lassen und mit 1 EL Butter mischen. Mit der Sauce begießen. Den Käse dazu servieren.

Kalbfleisch-Salbei-Linguine

Zutaten für 4 Personen:

- 300 g Kalbsschnitzel
- 100 g roher Schinken
- 16 frische, kleine Salbeiblätter
- 2 EL Butter · 2 EL Olivenöl
- 100 ml trockener Weißwein (ersatzweise Fleischbrühe)
- 200 g Mascarpone
- Salz · weißer Pfeffer
- 400 g Linguine (schmale, flache Nudeln)
- 2–3 EL Marsala nach Belieben

Zubereitungszeit: etwa 25 Min.
Pro Portion etwa:
3600 kJ / 860 kcal
35 g EW / 47 g F / 73 g KH

Schnell

Das Kalbfleisch fein schnetzeln. Den Schinken klein würfeln. Die Salbeiblättchen waschen und trockentupfen. Die Butter und das Öl in einer Pfanne erhitzen. Die Salbeiblättchen darin kurz anbraten, herausnehmen und beiseite stellen.

Das Fleisch und den Schinken in die Pfanne geben und bei mittlerer Hitze in 2–3 Min. goldbraun anbraten. Mit dem Wein ablöschen, den Mascarpone dazurühren, mit Salz und Pfeffer würzen, vom Herd ziehen.

Inzwischen reichlich Salzwasser aufkochen lassen. Die Linguine darin nach Packungsanleitung bißfest kochen. In ein Sieb abgießen und gut abtropfen lassen.

Das Kalbsragout wieder aufkochen lassen. Mit Pfeffer und nach Belieben mit dem Marsala abschmecken. Mit den Nudeln und dem Salbei anrichten.

Zutaten für 4 Personen:

Für den Teig:
300 g feingemahlener Dinkel
(+ Mehl für die Arbeitsfläche)
1 EL frischer Oregano
1 TL Meersalz
1 EL kaltgepreßtes Olivenöl
2 Eier
Für das Hähnchen und das Gemüse:
2 EL Zitronensaft · Meersalz
1/2 TL abgeriebene unbehandelte Zitronenschale
1 Prise Cayennepfeffer
1 EL frischer Oregano
1 EL frisch gehackte Petersilie
6 EL kaltgepreßtes Olivenöl
3 Knoblauchzehen
300 g Zucchini
2 rote Paprikaschoten
4 Frühlingszwiebeln
1 Chilischote
300 g Hähnchenbrustfilet

Zubereitungszeit: etwa 1 1/2 Std.
Pro Portion etwa:
2200 kJ / 520 kcal
33 g EW / 20 g F / 54 g KH

Vollwertig

Oreganonudeln mit Hähnchen und Grillgemüse

Aus dem Dinkel, dem Oregano, dem Salz, dem Öl, den Eiern und 1–2 EL Wasser einen geschmeidigen Nudelteig herstellen (siehe Seiten 19 und 20). Mit einem feuchten Tuch bedecken und 30 Min. ruhen lassen.

Inzwischen für die Marinade den Zitronensaft mit Salz, Zitronenschale, Cayennepfeffer, Oregano, Petersilie und 4 EL Öl vermischen. 1 Knoblauchzehe dazupressen.

Die Gemüse waschen und putzen. Die Zucchini längs halbieren, die Paprikaschoten achteln. Die Frühlingszwiebeln längs halbieren. Den restlichen Knoblauch und die Chilischote ganz lassen. Die Hähnchenbrust halbieren. Hähnchen und Gemüse mit Marinade bestreichen.

Den Nudelteig mit dem Nudelholz auf einer bemehlten Arbeitsfläche oder mit der Nudelmaschine ausrollen und zu Bandnudeln schneiden (siehe Seite 23). Reichlich Salzwasser aufkochen lassen.

Eine Pfanne, am besten eine Grillpfanne, mit 1 EL Öl bepinseln. Das Hähnchen darin 4 Min. je Seite, die Zucchini 2 Min. braten, dann aus der Pfanne nehmen und beides schräg in etwa 1/2 cm dicke Scheiben schneiden, bei 50° im Backofen warmstellen. Die Paprika und die Frühlingszwiebeln in der Pfanne 1 Min. braten.

Inzwischen die Nudeln im sprudelnden Salzwasser in 2–4 Min. bißfest kochen, abgießen. In einer Pfanne das restliche Öl erhitzen. Knoblauch und Chilischote darin 3 Min. schwach dünsten; dann beides entfernen und die Nudeln im heißen Öl wenden. Die restliche Marinade untermischen. Mit dem Gemüse und dem Hähnchen anrichten.

Tip: In einer gußeisernen Grillpfanne können Sie Gemüse mit wenig Fett zubereiten. So sparen Sie Kalorien, und das Gemüse bekommt eine besondere Würze.

Nudeln vitello tonnato

Zutaten für 4 Personen:

1/2 unbehandelte Zitrone
2 Dosen Thunfisch im eigenen Saft (je 150 g Inhalt)
200 ml Kalbsfond (aus dem Glas)
250 g Kalbsschnitzel
Salz
1 EL Pflanzenöl
150 g Crème fraîche
4 EL kleine Kapern
schwarzer Pfeffer
400 g kleine bunte Schmetterlingsnudeln

Zubereitungszeit: etwa 30 Min.
Pro Portion etwa:
3200 kJ / 760 kcal
43 g EW / 32 g F / 71 g KH

Schnell

Die Zitrone heiß abwaschen und abtrocknen. Die Schale fein abreiben, den Saft auspressen. Den Thunfisch abtropfen lassen und zusammen mit dem Kalbsfond pürieren.

Das Kalbsschnitzel in 1–2 cm große Würfel schneiden. Reichlich Salzwasser aufkochen lassen.

Das Öl in einer Pfanne erhitzen. Das Fleisch darin bei starker Hitze unter Rühren 1 Min. scharf anbraten. Den pürierten Thunfisch, die Crème fraîche, Kapern, Salz und Pfeffer dazurühren, einmal aufkochen lassen und vom Herd ziehen.

Die Nudeln im sprudelnden Salzwasser nach Packungsanleitung bißfest kochen. In ein Sieb abgießen und gut abtropfen lassen.

Die Thunfischsauce mit Salz, Pfeffer und 1–2 EL Zitronensaft abschmecken, mit den Nudeln anrichten und mit der Zitronenschale bestreuen.

Tip: Kapern geben diesem Nudelgericht pikante Würze. Am besten verwenden Sie die besonders zarten, kleinen Kapern, die »Nonpareilles« genannt werden.

Variante:
Nudeln mit Meeresfrüchten

Das Kalbsschnitzel durch 200 g gemischte tiefgefrorene Meeresfrüchte ersetzen. Die Meeresfrüchte antauen lassen, wie das Kalbsschnitzel in etwas Öl anbraten und mit der Thunfischsauce erwärmen. Statt der Kapern 75 g entsteinte und kleingeschnittene schwarze Oliven nehmen.

Zutaten für 4 Personen:

400 g Fleischtomaten
300 g Lammfleisch ohne Knochen (Schulter oder Keule)
3 Stangen Staudensellerie
1 große Möhre
1 Zwiebel
1 Knoblauchzehe
2 EL Olivenöl
1 TL Mehl
200 ml Fleischbrühe
1/8 l trockener Rotwein (ersatzweise zusätzlich Brühe)
Salz
schwarzer Pfeffer
400 g Tagliatelle (Bandnudeln)
50 g frisch gehobelter Pecorino

Zubereitungszeit: etwa 40 Min. (+ 1 Std. Garzeit)
Pro Portion etwa: 2700 kJ / 640 kcal
29 g EW / 19 g F / 79 g KH

Aus Italien

Tagliatelle mit Lammragout

Die Tomaten überbrühen, häuten, entkernen und grob würfeln, dabei die Stielansätze entfernen.

Das Lammfleisch in 1–2 cm große Würfel schneiden. Den Sellerie und die Möhre waschen, putzen und ebenfalls klein würfeln. Die Zwiebel und den Knoblauch hacken.

Das Öl in einem Topf erhitzen, nach und nach Fleisch, Zwiebel, Knoblauch, Möhre und Sellerie darin anbraten. Das Mehl darüber stäuben und kurz anschwitzen, mit der Brühe und dem Wein ablöschen. Die Tomaten einrühren, alles mit Salz und Pfeffer würzen und zugedeckt bei ganz schwacher Hitze 1 Std. schmoren lassen.

10–15 Min. vor Ende der Garzeit des Lammragouts reichlich Salzwasser aufkochen lassen. Die Tagliatelle darin nach Packungsanleitung bißfest kochen, abgießen und gut abtropfen lassen.

Das Lammragout abschmecken, mit den Nudeln mischen und mit dem Pecorino bestreut servieren.

Tip: Beim italienischen Feinkosthändler bekommen Sie Pecorino in unterschiedlichen Reifegraden. Zum Hobeln oder Reiben eignet sich am besten reifer Pecorino. Die italienische Käsespezialität kann aus Schafmilch oder einer Mischung aus Kuhmilch, Schaf- und Ziegenmilch gemacht sein, deshalb gibt es Geschmacksunterschiede. Pikant schmeckt der Pecorino romano, leicht süßlich der Pecorino toscano, eher würzig der Pecorino siciliano.

Das Rezept für das Lammragout stammt aus Apulien. Stilecht servieren Sie dazu einen Castel del Monte, den bekanntesten Wein der Region.

Zutaten für 4 Personen:

- 1 Bund Frühlingszwiebeln
- 400 g Hähnchenbrustfilet
- Salz
- schwarzer Pfeffer
- 1/2 TL gemahlener Koriander
- 1/2 TL gemahlener Kreuzkümmel
- 3 EL Pflanzenöl
- 1/2 l Hühnerbrühe
- 125 g rote Linsen
- 400 g Schmetterlingsnudeln
- 1 TL Butter

Zubereitungszeit: etwa 40 Min.
Pro Portion etwa:
2800 kJ / 670 kcal
43 g EW / 17 g F / 86 g KH

Gelingt leicht

Nudeln mit Hähnchen und roten Linsen

Die Frühlingszwiebeln putzen und waschen, in feine, schräge Ringe schneiden.

Das Hähnchenbrustfilet in 4–5 cm lange Streifen schneiden. Mit Salz, Pfeffer, Koriander und Kreuzkümmel würzen. 1 EL Öl in einem breiten Topf erhitzen, das Hähnchenfleisch bei mittlerer Hitze darin rundherum in 2 Min. goldbraun braten. Aus dem Topf nehmen und beiseite stellen.

Das restliche Öl in dem Topf erhitzen, die weißen Zwiebelringe darin leicht anbraten. Mit der Brühe ablöschen, die Linsen dazugeben. Zugedeckt bei schwacher Hitze 5 Min. köcheln lassen.

Inzwischen reichlich Salzwasser aufkochen lassen. Die Schmetterlingsnudeln darin nach Packungsanleitung bißfest kochen. In ein Sieb abgießen und gut abtropfen lassen.

Das Hähnchenfleisch und die grünen Zwiebelringe zu den Linsen geben, alles noch 1–2 Min. köcheln lassen. Zum Schluß die Butter untermischen. Abschmecken und mit den Nudeln anrichten.

Currynudeln

Reichlich Salzwasser aufkochen lassen. Die Nudeln darin nach Packungsanleitung bißfest kochen. In ein Sieb abgießen, mit kaltem Wasser abbrausen und gut abtropfen lassen.

Inzwischen die Brühe aufkochen lassen. Die Rosinen hineingeben, den Topf vom Herd ziehen.

Das Hähnchenbrustfilet schnetzeln. Mit Pfeffer würzen. Den Lauch putzen, längs halbieren, gut waschen und in etwa 2 cm breite Streifen schneiden. Das Öl in einer großen Pfanne oder in einem Schmortopf erhitzen, das Hähnchenfleisch darin ganz kurz bei starker Hitze anbraten. Den Lauch dazugeben und mit anbraten.

Das Currypulver darüber streuen und unter Rühren anschwitzen. Die Nudeln dazugeben und gründlich mit den anderen Zutaten verrühren, dann die Sahne und die Rosinen mit der Brühe dazugeben. Alles noch einmal aufkochen lassen.

Zutaten für 4 Personen:

- Salz
- 400 g Spiralnudeln
- 200 ml Hühnerbrühe
- 60 g Rosinen
- 300 g Hähnchenbrustfilet
- schwarzer Pfeffer
- 2 dünne Stangen Lauch
- 3 EL Pflanzenöl
- 2 EL Currypulver
- 100 g Sahne

Zubereitungszeit: etwa 40 Min.
Pro Portion etwa:
2700 kJ / 640 kcal
32 g EW / 22 g F / 82 g KH

Preiswert

Udon-Nudeln mit Hähnchen und Gemüse

Zutaten für 4 Personen:

1/2 Chilischote
5 TL Sojasauce
5 TL Reis- oder Cidreessig
Salz
5 EL Sonnenblumenöl
2 EL frisch geriebener Ingwer
300 g Hähnchenbrustfilet
2 grüne Paprikaschoten
1 rote Zwiebel
2 junge Möhren
2 Stangen Staudensellerie
200 g Sojabohnensprossen
200 g Champignons
500 g Udon-Nudeln (Asienladen)
1 EL Sesamöl
schwarzer Pfeffer
1 EL frisch gehacktes Koriandergrün (oder Petersilie)

Zubereitungszeit: etwa 40 Min.
Pro Portion etwa:
1600 kJ / 380 kcal
23 g EW / 14 g F / 10 g KH

Für Gäste

Zu den japanischen Udon-Nudeln können Sie Bier oder stilecht asiatischen, grünen Tee servieren.

Die Chilischote aufschlitzen, putzen, waschen, entkernen und kleinschneiden. Mit der Sojasauce, dem Essig, Salz, 4 EL Öl und dem Ingwer vermischen.

Die Hähnchenbrust in schmale Streifen schneiden und in 2 EL Marinade ziehen lassen. Die Gemüse waschen und putzen. Die Champignons putzen. Die Paprikaschoten mit der Zwiebel in dünne Streifen schneiden. Die Möhren, den Sellerie und die Champignons in dünne Scheiben schneiden.

Reichlich Salzwasser aufkochen lassen und die Nudeln darin nach Packungsanleitung bißfest kochen.

Inzwischen in einer breiten Pfanne oder einem Wok 1 EL Sonnenblumenöl erhitzen und das Hähnchenfleisch 2–3 Min. von allen Seiten anbraten und herausnehmen. Dann das zerkleinerte Gemüse, die Pilze und die Sprossen in den Wok geben, salzen und bei mittlerer Hitze 5 Min. unter ständigem Rühren dünsten. Die restliche Marinade unterrühren und das Ganze 1–2 Min. garen. Das Fleisch dazugeben.

Die Nudeln abgießen, zurück in den Topf geben und mit dem Sesamöl, Salz, Pfeffer und dem Koriandergrün vermischen. Mit dem Gemüse auftragen.

Tip: Udon-Nudeln bekommen Sie in asiatischen Läden oder in den Asienabteilungen großer Supermärkte. Wenn Sie sie nirgendwo finden, können Sie sie durch Hartweizen- oder Vollkornspaghetti ersetzen. Gut schmecken in diesem Gericht auch Buchweizennudeln oder andere asiatische Nudelsorten, z. B. Reisnudeln oder Glasnudeln.

Variante:
Udon-Nudeln mit scharf gewürzten Pilzen

Wer auf Fleisch verzichten möchte, nimmt statt Hähnchenbrust 5–6 getrocknete Shiitakepilze (Tongupilze). Die Pilze in warmem Wasser knapp 30 Min. quellen lassen. Dann in Streifen schneiden. 1–2 rote Chilischoten aufschlitzen, putzen, waschen und in Streifen schneiden. Die Pilze und die Chilischoten mit dem übrigen Gemüse im Wok 5 Min. unter Wenden dünsten. Die gesamte Marinade unterrühren und das Gemüse noch 1–2 Min. garen. Zum Schluß mit dem Koriandergrün auch einige in Streifen geschnittene Minzeblättchen unter die gegarten Udon-Nudeln mischen.

Hähnchenbrustfilet, Pilze und Gemüse mit einem scharfen, großen Messer in feine Scheiben oder Streifen schneiden.

Die marinierten Filetstreifen 2–3 Min. bei scharfer Hitze im Wok anbraten, dann herausnehmen.

Das kleingeschnittene Gemüse, Pilze und Sprossen im Wok dünsten. Das Gemüse dabei immer wieder wenden.

Zutaten für 4 Personen:

- **200 g breite Reisnudeln (Asienladen)**
- **400 g Rinderfilet**
- **2 große Zwiebeln**
- **2 Knoblauchzehen**
- **400 g gemischtes Gemüse (z. B. Shiitakepilze, Staudensellerie, Möhren, Zuckerschoten)**
- **3 EL Pflanzenöl**
- **8 EL Sojasauce**
- **1 TL Sambal Oelek (Asienladen)**

***Zubereitungszeit:** etwa 45 Min.*
Pro Portion etwa:
1600 kJ / 400 kcal
27 g EW / 11 g F / 46 g KH

Aus Indonesien

Bami Goreng

Die Reisnudeln 30 Min. in reichlich warmem Wasser einweichen.

Inzwischen das Rinderfilet fein schnetzeln. Die Zwiebeln und den Knoblauch fein würfeln. Das Gemüse waschen, putzen und in feine Streifen schneiden.

Das Öl in einem Wok oder in einer tiefen Pfanne stark erhitzen. Die Zwiebeln und den Knoblauch darin unter Rühren glasig werden lassen. Nach und nach das übrige Gemüse dazugeben und unter ständigem Rühren 4 Min. anbraten.

Das Gemüse an den Rand des Woks oder der Pfanne schieben, das Fleisch in der Mitte des Woks oder der Pfanne scharf anbraten. Die Nudeln abtropfen lassen, zusammen mit der Sojasauce und dem Sambal Oelek in den Wok geben. Alles gründlich vermischen und noch 3 – 4 Min. unter Rühren braten.

Tip: Statt der Shiitakepilze können Sie sehr gut auch große Egerlinge verwenden. Oder Sie greifen auf getrocknete Shiitakepilze zurück, die es in jedem Asienladen zu kaufen gibt – manchmal auch unter dem chinesischen Namen Tongupilze. Etwa 15 g davon knapp 30 Min. in warmem Wasser quellen lassen, dann abtropfen lassen und in breite Streifen schneiden.

Zutaten für 4 Personen:

10 g getrocknete chinesische Pilze (Mu-Err)
200 g Schweinefilet
200 g Geflügelfleisch (z. B. Hähnchenbrustfilet)
1/2 Chilischote
4 Frühlingszwiebeln
2 Knoblauchzehen
12 Zuckerschoten
3 EL Erdnußöl
200 g rohe, geschälte Garnelen
60 g schmale Reisnudeln (Asienladen)
2 EL frisch gehacktes Koriandergrün
2 EL Sojasauce
1 EL Fischsauce (Asienladen)
Salz · Pfeffer
Und: Öl zum Fritieren

Zubereitungszeit: etwa 40 Min.
Pro Portion etwa:
1900 kJ / 450 kcal
33 g EW / 27 g F / 13 g KH

Für Gäste

Knuspernudeln nach thailändischer Art

Pilze in lauwarmem Wasser 20 Min. quellen lassen, dann abgießen, eventuell kleinschneiden und Stiele entfernen. Inzwischen das Fleisch schnetzeln. Chilischote putzen, waschen und entkernen. Frühlingszwiebeln waschen und putzen. Große Zwiebeln längs halbieren. Das Zwiebelgrün, den Knoblauch und die Chilischote sehr fein hacken. Zuckerschoten waschen, putzen und schräg halbieren.

2 EL Erdnußöl in einer hohen Pfanne oder einem Wok erhitzen. Knoblauch und Zwiebelgrün unter Rühren 1 Min. leicht anbraten. Das Fleisch dazugeben und unter ständigem Rühren 2 Min. leicht anbraten. Wenn es gar ist, Fleisch an den Rand des Woks oder der Pfanne schieben. Die weißen Frühlingszwiebeln, die Chilischote, die Garnelen, die Pilze und die Zuckerschoten mit dem restlichen Erdnußöl in den heißen Wok oder die Pfanne geben. 2 Min. unter Rühren garen und vom Herd nehmen.

Reichlich Öl in einem Topf oder einer tiefen Pfanne stark erhitzen. Es ist heiß genug, wenn an einem hölzernen Kochlöffelstiel, den Sie in das Öl tauchen, Bläschen aufsteigen. Die Reisnudeln portionsweise vorsichtig im heißen Öl ganz kurz fritieren, bis sie sich aufgebläht haben und weißlich aussehen. Mit einem Schaumlöffel herausnehmen und auf Küchenpapier abtropfen lassen.

Zwei Drittel der Nudeln mit dem Koriander zu der Gemüse-Garnelen-Mischung geben, gut mischen, mit Sojasauce, Fischsauce, wenig Salz und Pfeffer abschmecken. Das Gericht mit den restlichen Nudeln garnieren.

Tip: Wichtig ist, daß die Nudeln sehr heiß fritiert werden. Nur so werden sie knusprig und schmecken köstlich.

Das besondere Rezept!

Ein Gourmetgericht aus der Vollwertküche. Zwar sind die Zutaten nicht ganz billig, und die Zubereitung kostet etwas Zeit. Doch Ihre Gäste werden sich über den Aufwand freuen. Denn die feinaromatischen Vollkornnudeln harmonieren wunderbar mit Edelfisch und provenzalischem Gemüse. Genießen Sie dazu einen Rosé aus der Provence. Praktisch: Sie können die Nudeln schon einen Tag vorher herstellen und auf einem bemehlten Küchentuch trocknen lassen. Die getrockneten Nudeln in 6–7 Minuten bißfest kochen.

Zutaten für 4 Personen:

Für den Teig:
300 g feingemahlener Dinkel (+ Mehl für die Arbeitsfläche)
1 EL frisch gehackter Rosmarin
1 TL Meersalz · 2 frische Eier
2 EL kaltgepreßtes Olivenöl
Für den Fisch und das Gemüse:
je 250 g Auberginen und Zucchini
300 g reife Tomaten
1 rote Paprikaschote
1 rote Zwiebel
1 Knoblauchzehe
2 EL kaltgepreßtes Olivenöl
400 g Seeteufelfilet
Meersalz · Pfeffer
1/2 TL Tomatenmark
1 TL frisch gehackter Rosmarin
1 TL frischer Thymian
4 EL trockener Weißwein (ersatzweise 1 Spritzer Aceto Balsamico)
1/8 l Gemüsebrühe

Zubereitungszeit: etwa 1 1/2 Std.
Pro Portion etwa:
2100 kJ / 500 kcal
31 g EW / 14 g F / 57 g KH

Vollwertig

Rosmarinnudeln mit Seeteufel

Aus dem Dinkelmehl, dem Rosmarin, dem Salz, den Eiern, dem Öl und etwa 3 EL Wasser einen Nudelteig herstellen (siehe Seiten 19 und 20). Mit einem feuchten Tuch bedecken und mindestens 30 Min. ruhen lassen.

Die Gemüse waschen und putzen. Die Auberginen, die Zucchini und die Tomaten in 1–2 cm große Stücke schneiden, die Paprikaschote in etwa 2 cm große Stücke. Die Zwiebel und den Knoblauch hacken.

Den Nudelteig mit dem Nudelholz auf einer bemehlten Arbeitsfläche oder mit der Nudelmaschine dünn ausrollen und zu Bandnudeln schneiden (siehe Seiten 22 und 23).

Für den Fisch 1 EL Öl in einer Pfanne bei mittlerer Hitze heiß werden lassen. Den Fisch salzen und pfeffern und je Seite etwa 3 Min. bräunen, dann bei 50° im Backofen warm stellen.

Reichlich Salzwasser für die Nudeln aufkochen lassen. In einem Topf das restliche Öl bei mittlerer Hitze heiß werden lassen und darin die Zwiebel und den Knoblauch mit der Paprikaschote 3 Min. dünsten. Tomatenmark, Rosmarin, Thymian und Wein oder Essig hinzugeben und etwas einkochen lassen. Mit der Brühe aufgießen und alles zugedeckt bei mittlerer Hitze 1 Min. garen. Die Zucchini, die Auberginen und die Tomaten hinzufügen, salzen, pfeffern und 3 Min. mitgaren. Die Nudeln in sprudelndem Salzwasser ebenfalls 3 Min. bißfest kochen, abgießen, abtropfen lassen.

Die Nudeln auf die Teller geben und mit dem Gemüse garnieren. Den Fisch in mundgerechte Stücke schneiden und obenauf geben.

Spaghetti mit Heilbutt

Zutaten für 4 Personen:
2 Stangen Lauch
1 Stange Staudensellerie
1 Möhre
300 g Zucchini
1 Knoblauchzehe
Meersalz
400 g Hirse-Spaghetti
2 EL kaltgepreßtes Olivenöl
250 g Heilbuttfilet
schwarzer Pfeffer
4 EL Sahne
1 EL frisch gehackte Petersilie

Zubereitungszeit: etwa 30 Min.
Pro Portion etwa:
2200 kJ / 520 kcal
16 g EW / 5 g F / 7 g KH

Vollwertig

Die Gemüse waschen und putzen. Vom Lauch das Weiße und das Zartgrüne verwenden. Die Stangen längs halbieren und in dünne Streifen schneiden. Den Sellerie und die Möhre schälen und mit den Zucchini längs halbieren und in dünne Scheiben schneiden. Den Knoblauch hacken.

Reichlich Salzwasser aufkochen lassen. Die Spaghetti darin nach Packungsanleitung bißfest kochen.

Inzwischen das Öl in einer Pfanne erhitzen und den Heilbutt darin je Seite 3 Min. dünsten; dann salzen, pfeffern, aus der Pfanne nehmen und bei 50° im Backofen warm stellen.

Den Knoblauch in der Pfanne andünsten, nach und nach den Lauch, den Sellerie und die Möhre hinzufügen und 5 Min. dünsten. Dann die Zucchini 3 Min. mit dünsten. Mit der Sahne aufkochen lassen und mit Salz, Pfeffer und Petersilie würzen.

Die Nudeln abgießen, mit dem Gemüse vermischen und auf die Teller verteilen. Den Fisch in mundgerechte Stücke schneiden und obenauf geben.

Tip: Die Nudeln zusätzlich mit etwa 80 g zerbröckeltem milden Ziegenkäse vermischen. Das verleiht dem Gericht eine spezielle Würze.

Zutaten für 2 Personen:

20 g getrocknete Shiitake-Pilze (Tongupilze, Asienladen)
100 g schmale Reisnudeln (Asienladen)
400 g Fischfilet (z. B. Seebarsch)
2 Knoblauchzehen
40 g frischer Ingwer
2 rote Chilischoten
60 ml Sojasauce
3 EL Reiswein
1 Bund Frühlingszwiebeln
3 EL Öl

Zubereitungszeit: etwa 30 Min. (+ 30 Min. Einweichzeit)
Pro Portion etwa: 2300 kJ / 550 kcal
38 g EW / 19 g F / 52 g KH

Aus China

Reisnudeln mit Ingwerfisch

Die Pilze lauwarm abspülen und in einem Schälchen mit warmem Wasser übergießen. Etwa 30 Min. quellen lassen.

Die Reisnudeln in einer zweiten Schüssel mit heißem Wasser übergießen und ebenfalls 30 Min. quellen lassen.

Inzwischen das Fischfilet in mundgerechte Stücke schneiden. Den Knoblauch hacken. Den Ingwer schälen und fein würfeln. Die Chilischoten putzen, mit einem kleinen Messer vorsichtig entkernen, waschen und in feine Ringe schneiden. Ingwer, Knoblauch und die Chiliringe mit 2 EL Sojasauce und dem Reiswein verrühren. Den Fisch darin wenden und zugedeckt kalt stellen.

Die Frühlingszwiebeln waschen, putzen und in sehr schräge Ringe schneiden. Die eingeweichten Pilze ausdrücken. Die Stiele abschneiden und wegwerfen, die Pilze in Streifen schneiden. Die Nudeln abtropfen lassen.

In einem Wok oder einer großen tiefen Pfanne das Öl erhitzen. Die Pilze und die Frühlingszwiebeln darin unter Rühren 2 Min. anbraten. Die Fischstücke aus der Marinade heben, dazugeben und 2 Min. mit anbraten, dann die Nudeln, die restliche Marinade und die restliche Sojasauce vorsichtig untermischen. Alles noch 1 Min. zusammen erhitzen, dann sofort servieren.

Tip: Von diesem Gericht lassen sich im Wok nur schlecht größere Mengen zubereiten. Wenn Sie das Gericht für 4 Personen kochen möchten, verdoppeln Sie die Zutatenmengen und garen alles in zwei Arbeitsgängen im Wok.

Zu dem chinesischen Nudelgericht paßt Bier. Sie können auch chinesischen Tee dazu servieren.

Zutaten für 4 Personen:

150 g Seeteufelfilet
1 länglicher Tintenfisch (Kalmar, etwa 250 g)
175 g geschälte Garnelen
4 Knoblauchzehen
40 g frischer Ingwer
2 EL Sambal Manis (Asienladen, ersatzweise 1 TL Sambal Oelek)
1 EL Zitronensaft
3 EL Erdnußöl
Salz
2 Stangen Staudensellerie
1 rote Chilischote
3 Frühlingszwiebeln
350 g dünne chinesische Eiernudeln
75 g Nordsee-Krabben
1 EL helle Sojasauce
1/2 TL brauner Zucker
100 ml Fischfond (aus dem Glas)
Und: Kleine Spieße

Zubereitungszeit: etwa 45 Min.
Pro Portion etwa:
2100 kJ / 500 kcal
39 g EW / 10 g F / 65 g KH

Aus China

Eiernudeln mit Meeresfrüchten

Das Seeteufelfilet in 8 Stücke schneiden. Kalmar waschen, Tubus längs aufschneiden, flach auslegen und mit scharfem Messer rautenförmig ein-, aber nicht durchschneiden. In etwa 3 x 4 cm große Stücke teilen. Die Garnelen auf dem Rücken einschneiden, Darm entfernen. Kurz abspülen, abtrocknen.

Knoblauch und Ingwer schälen, die Hälfte hacken. Mit Sambal, Zitronensaft und 1 EL Erdnußöl verrühren, salzen. Fisch, Tintenfisch und Garnelen in der Marinade wenden und beiseite stellen.

Den Staudensellerie waschen und in etwa 3 cm lange Stücke schneiden, in wenig Wasser 3 Min. dünsten, abtropfen lassen. Restlichen Knoblauch und Ingwer in Scheibchen schneiden. Die Chilischote putzen, waschen, entkernen, fein schneiden. Frühlingszwiebeln waschen, putzen und in Scheiben schneiden. Fisch, Tintenfisch und Garnelen aus der Marinade heben, trockentupfen und abwechselnd mit Selleriestücken auf kleine Spieße stecken. Inzwischen reichlich Salzwasser aufkochen lassen. Die Nudeln darin nach Packungsanleitung bißfest kochen, abtropfen lassen. Den Grill anheizen.

Im Wok oder einer tiefen Pfanne restliches Öl erhitzen. Knoblauch, Ingwer und Chilischote 2 Min. unter Rühren braten, Krabben, Frühlingszwiebeln, Sojasauce, Zucker, Fischfond und die Marinade einrühren, 2 Min. kochen. Nudeln unterrühren, erhitzen.

Die Spieße unter Wenden 3–4 Min. grillen oder in einer Pfanne bei starker Hitze in etwas Öl 3–4 Min. braten. Nudeln auf Teller verteilen und mit Spießchen belegen.

Zutaten für 4 Personen:

1 Knoblauchzehe
600 g Tomaten
400 g geschälte Riesengarnelen
3–4 Zweige frisches Basilikum
3 EL kaltgepreßtes Olivenöl
2 EL frisch gehackte Petersilie
Meersalz
schwarzer Pfeffer
400 g Weizenkeim-Pappardelle (breite Bandnudeln)
3 EL in Streifen geschnittenes Basilikum
1 Prise Muskatblüte

Zubereitungszeit: etwa 25 Min.
Pro Portion etwa:
2100 kJ / 500 kcal
35 g EW / 11 g F / 70 g KH

Vollwertig

Pappardelle mit Riesengarnelen

Den Knoblauch hacken. Die Tomaten waschen, abtrocknen, von den Stielansätzen befreien und in sehr kleine Würfel schneiden. Die Riesengarnelen waschen und der Länge nach halbieren, dabei den Darm entfernen. Das Basilikum waschen, die Blätter abzupfen und in Streifen schneiden.

In einer Pfanne 1 EL Öl erhitzen und bei mittlerer Hitze den Knoblauch andünsten. Die Riesengarnelen hinzufügen und in 3 Min. von allen Seiten bräunen. Die Tomaten und die Petersilie unterrühren. Mit Salz und Pfeffer abschmecken und bei 50° im Backofen warm stellen.

Inzwischen reichlich Salzwasser aufkochen lassen. Die Nudeln darin nach Packungsanleitung bißfest kochen, abgießen, zurück in den Topf geben, mit dem restlichen Öl, Basilikum, Salz, Pfeffer und Muskatblüte vermischen. Nudeln mit den Riesengarnelen servieren.

Dazu paßt ein trockener Frascati oder auch ein anderer trockener Weißwein aus Italien.

Spaghetti mit Lachs und Lauch

Den Lauch putzen, waschen und in fingerbreite Stücke schneiden. Das Basilikum waschen, die Blätter abzupfen und in Streifen schneiden. Die Butter bei mittlerer Hitze aufschäumen lassen, den Lauch darin 5 Min. andünsten. Fond dazugießen und offen um ein Drittel einkochen lassen.

Die Tomaten kurz überbrühen, häuten, halbieren, entkernen und in kleine Würfel schneiden, dabei die Stielansätze entfernen. Mit der Sahne zum Lauch geben, mit Koriander, Zitronenschale und -saft würzen. Alles 2–3 Min. leise köcheln lassen, mit Salz und Pfeffer abschmecken.

Inzwischen reichlich Salzwasser aufkochen lassen. Die Nudeln darin nach Packungsanleitung bißfest kochen, abgießen und abtropfen lassen. Zugedeckt warm halten.

Den Lachs in dünne Streifen schneiden und in der Sauce kurz erhitzen. Das Basilikum dazugeben. Auf den Spaghetti anrichten, den Käse dazu servieren.

Zutaten für 4 Personen:

2 dünne Stangen Lauch
2–3 Zweige frisches Basilikum
2 EL Butter
200 ml Fisch- oder Gemüsefond (aus dem Glas)
300 g Tomaten
100 g Sahne
1/2 TL gemahlener Koriander
1/2 TL abgeriebene unbehandelte Zitronenschale
1 EL Zitronensaft
Salz · weißer Pfeffer
400 g Spaghetti
150 g Räucherlachs
70 g frisch geriebener Parmesan

Zubereitungszeit: etwa 30 Min.
Pro Portion etwa:
2800 kJ / 670 kcal
28 g EW / 25 g F / 80 g KH

Gelingt leicht

Spaghetti vongole

Zutaten für 4 Personen:
1 kg Venusmuscheln (Vongole)
3 Knoblauchzehen
1 Bund Petersilie
1 getrocknete große Chilischote
Salz · 2 EL Olivenöl
2 EL Butter
200 ml Weißwein (ersatzweise Fischfond aus dem Glas)
350 g Spaghetti
weißer Pfeffer

Zubereitungszeit: etwa 45 Min.
Pro Portion etwa:
2300 kJ / 550 kcal
24 g EW / 13 g F / 74 g KH

Aus Italien

Die Muscheln unter fließendem Wasser waschen und abbürsten, geöffnete oder beschädigte wegwerfen.

Den Knoblauch fein hacken, Petersilie waschen, die Blätter grob zerschneiden. Die Chilischote fein hacken. Reichlich Salzwasser für die Nudeln aufkochen lassen.

In einem großen Topf Olivenöl und Butter erhitzen, Knoblauch und Chilischote darin andünsten. Die Muscheln dazugeben, den Weißwein oder den Fischfond aufgießen und bei starker Hitze zugedeckt 5 Min. kochen lassen, bis sich die Muscheln geöffnet haben. Jetzt noch geschlossene Muscheln wegwerfen.

Inzwischen die Spaghetti im sprudelnden Wasser nach Packungsanleitung bißfest kochen, abgießen und abtropfen lassen.

Die Muscheln herausheben und aus den Schalen lösen. Den Kochsud vorsichtig vom Bodensatz in einen anderen Topf abgießen, erneut aufkochen lassen, Petersilie einrühren und mit Salz und Pfeffer abschmecken. Mit dem Muschelfleisch unter die abgetropften Spaghetti mischen.

Variante:
Spaghetti vongole mit Tomaten

3 reife Tomaten kurz überbrühen, häuten, entkernen und ohne die Stielansätze würfeln. In etwas Olivenöl dünsten, zum Schluß unter die Sauce rühren. Statt Petersilie Basilikum untermischen.

Der Tip vom Profi

Sie können die Muscheln auch in der Schale servieren. Das sieht gut aus und spart Zeit. Muscheln, die sich beim Kochen nicht geöffnet haben, unbedingt wegwerfen. Sie können gesundheitsschädlich sein. Am besten schmecken frische Muscheln in den Monaten mit »r«, also zwischen September und April. In der übrigen Zeit sollten Sie Muscheln aus kalten Gewässern kaufen. Achten Sie beim Einkauf darauf, ob die Muscheln roh oder vorgegart gefroren wurden. Vorgegarte dürfen nur noch kurz kochen, sonst werden sie trocken.

Zutaten für 4 Personen:
75 ml Fischfond (aus dem Glas)
2 EL Zucker
5 EL Reisessig
3 EL Tomatenketchup
1/2 TL Szetschuan-Pfeffer (Asienladen)
400 g Kabeljaufilet
500 g Broccoli
150 g schmale Reisnudeln (Asienladen)
2 TL Speisestärke
2–3 EL Sojasauce
Und: Öl zum Fritieren

Zubereitungszeit: etwa 45 Min. (+ 2 Std. Marinierzeit)
Pro Portion etwa: 1900 kJ / 450 kcal
25 g EW / 19 g F / 44 g KH

Für Geübte

Knuspernudeln mit süß-saurem Fisch

Fond, Zucker, Essig, Ketchup und Pfeffer verquirlen. Das Fischfilet waschen, trockentupfen und mundgerecht würfeln. In der Marinade wenden und zugedeckt 2 Std. kalt stellen.

Den Broccoli waschen und putzen, in Röschen teilen, die Stiele schälen und sehr klein würfeln.

Reichlich Öl in einem Wok oder einer breiten, tiefen Pfanne stark erhitzen. Es ist heiß genug, wenn an einem hölzernen Kochlöffelstiel, den Sie in das Öl tauchen, kleine Blasen aufsteigen.

Die Reisnudeln in acht Portionen teilen. Portionsweise in dem heißen Öl ganz kurz fritieren, bis sie sich aufgebläht haben und weißlich aussehen. Mit einem Schaumlöffel herausheben und zugedeckt im Backofen bei 50° warm halten.

Das Öl bis auf etwa 3 EL aus dem Wok abgießen. Den Wok wieder erhitzen, den Broccoli darin unter Wenden 5 Min. braten. Den Fisch mit der Marinade dazugeben und vorsichtig mitbraten.

In einer Tasse die Stärke mit der Sojasauce verquirlen. Die Sauce in den Wok gießen und alles noch 1–2 Min. köcheln lassen, abschmecken und auf den Reisnudeln anrichten. Das Gericht sofort servieren.

Variante:
Knuspernudeln mit Fleisch

Statt des Fischfilets 500 g Rinderfilet schnetzeln und in einer Marinade aus Rinderfond, Zucker, Essig und Ketchup ziehen lassen. Statt Broccoli Möhren und Lauch sehr klein schneiden. Das Fleisch abtropfen lassen, im Wok in etwas Öl anbraten. Aus dem Wok nehmen, Möhren und Lauch anbraten und das Fleisch wieder dazugeben. Die Marinade mit der Stärke und Sojasauce verquirlen und dazugeben.

Zutaten für 4 Personen:

400 g Zanderfilet
2 EL Zitronensaft
Salz · weißer Pfeffer
1 große Fenchelknolle mit Grün
2 EL Olivenöl
1 TL Mehl
175 ml Fischfond (aus dem Glas)
400 g grüne Bandnudeln
2–3 EL Anisschnaps nach Belieben

Zubereitungszeit: etwa 30 Min.
Pro Portion etwa:
2200 kJ / 520 kcal
34 g EW / 8 g F / 75 g KH

Schnell

Grüne Nudeln mit Zanderfilet

Das Zanderfilet in 3–4 cm große Würfel schneiden. Mit Zitronensaft, Salz und Pfeffer würzen. Den Fenchel waschen, putzen und in feine Streifen schneiden. Das Grün kleinschneiden und beiseite legen.

Den Fenchel im Olivenöl leicht anbraten. Mit Mehl bestäuben, mit Fond ablöschen. 8 Min. zugedeckt bei schwacher Hitze köcheln lassen.

Inzwischen reichlich Salzwasser aufkochen lassen. Die Nudeln darin nach Packungsanleitung bißfest kochen, gut abtropfen lassen. Den Fisch zum Fenchel geben, noch 3–4 Min. köcheln lassen. Nach Belieben mit dem Anisschnaps abschmecken, mit den Nudeln servieren und mit dem Fenchelgrün garnieren.

Bandnudeln mit Kaviar

Den Fond in einer breiten Pfanne bei starker Hitze bis auf etwa 100 ml einkochen lassen. In einem großen Topf reichlich Salzwasser aufkochen lassen. Die Nudeln darin nach Packungsanleitung bißfest kochen.

Inzwischen den Dill waschen und hacken, mit Joghurt, Sahne und Mehl verquirlen.

Die Joghurtmischung zum Fischfond geben und aufkochen lassen. Mit Salz und Pfeffer abschmecken, zwei Drittel des Kaviars und die Zitronenschale untermischen. Die Nudeln gut abtropfen lassen, mit der Kaviarsauce mischen und etwas darin ziehen lassen. Zum Servieren mit dem restlichen Kaviar anrichten.

Zutaten für 4 Personen:

400 ml Fischfond (aus dem Glas)
Salz · 400 g Bandnudeln
1 großes Bund Dill
300 g Joghurt · 250 g Sahne
1 TL Mehl · weißer Pfeffer
1 Glas Keta-Kaviar (150–200 g)
etwas abgeriebene unbehandelte Zitronenschale

Zubereitungszeit: etwa 30 Min.
Pro Portion etwa:
2800 kJ / 670 kcal
28 g EW / 31 g F / 73 g KH

Für Gäste

Zutaten für 4 Personen:
1 Bund Frühlingszwiebeln
1 Kopf Radicchio
Salz
400 g Spaghetti
2 EL Olivenöl
2 EL Butter
2 Dosen Thunfisch im eigenen Saft (je 150 g Inhalt)
schwarzer Pfeffer
3–4 EL Aceto Balsamico
100 ml Fischfond (aus dem Glas; oder milde Gemüsebrühe)
125 g milder Ziegenkäse

Zubereitungszeit: etwa 30 Min.
Pro Portion etwa:
3200 kJ / 760 kcal
37 g EW / 31 g F / 75 g KH

Schnell

Nudeln mit Thunfisch und Ziegenkäse

Die Frühlingszwiebeln putzen, waschen und in schmale Ringe schneiden. Den Radicchio putzen, den Wurzelansatz abschneiden, die äußeren Blätter entfernen. Den Salatkopf vierteln, den Mittelstrunk abschneiden und die Salatviertel quer in schmale Streifen schneiden.

Reichlich Salzwasser aufkochen lassen. Die Spaghetti darin nach Packungsanleitung bißfest kochen.

Inzwischen das Öl und die Butter in einer großen Pfanne erhitzen. Die Frühlingszwiebeln darin leicht anbraten. Den Thunfisch abtropfen lassen und untermischen, dabei ein wenig zerkleinern.

Die Hälfte des Radicchios kurz mitdünsten, dann alles mit Salz, Pfeffer und Aceto würzen. Den Fond oder die Brühe dazugießen, alles einmal aufkochen lassen.

Die Spaghetti in ein Sieb abgießen und gut abtropfen lassen, auf Teller verteilen. Den restlichen Radicchio unter die Thunfischmischung rühren, diese über die Spaghetti geben. Den Ziegenkäse klein würfeln und darüber streuen.

Tip: Ziegenkäse bekommen Sie nicht an jeder Käsetheke. Am ehesten finden Sie den je nach Sorte und Reifegrad feinherben bis pikanten Käse in den Delikateßabteilungen großer Supermärkte, in Käse- und Feinkostgeschäften, manchmal auch im Reformhaus oder Bioladen.

Nudelflecken mit Garnelen

Zutaten für 4 Personen:

Für den Teig:
300 g mehlfein gemahlener Dinkel (+ Mehl für die Arbeitsfläche)
1 TL Meersalz · 2 Eier
3–5 EL Milch

Für die Sauce:
2 gelbe Paprikaschoten
3 reife Tomaten · 1 rote Zwiebel
1 Knoblauchzehe
2 EL kaltgepreßtes Olivenöl
2 EL frisch gehackte Petersilie
Meersalz
schwarzer Pfeffer
1/4 TL Honig
250 g geschälte und gegarte Riesengarnelen

Zum Servieren:
80 g Schafkäse
2–3 EL Zitronensaft

Zubereitungszeit: etwa 1 1/2 Std.
Pro Portion etwa:
2000 kJ / 480 kcal
31 g EW / 15 g F / 56 g KH

Vollwertig

Aus dem Dinkelmehl, dem Salz, den Eiern und der Milch einen Nudelteig herstellen (siehe Seite 19 und 20). Den Teig kräftig kneten. Mit einem feuchten Tuch bedecken und 30 Min. ruhen lassen.

Inzwischen die Gemüse waschen und putzen. Die Paprikaschoten und die Tomaten ohne die Stielansätze würfeln. Die Zwiebel und den Knoblauch hacken.

Den Nudelteig mit dem Nudelholz auf einer bemehlten Arbeitsfläche oder mit der Nudelmaschine dünn ausrollen und mit dem Messer in etwa 2–3 cm große Quadrate schneiden.

Das Öl in einem Topf heiß werden lassen. Die Zwiebel, den Knoblauch und die Paprikaschote bei mittlerer Hitze darin 2 Min. dünsten. Die Tomaten, die Petersilie, Salz, Pfeffer und den Honig unterrühren. Alles zugedeckt 10 Min. bei schwacher Hitze garen. Die Garnelen dazugeben und offen je nach Größe bei schwacher Hitze 5–10 Min. ziehen lassen.

Inzwischen reichlich Salzwasser aufkochen lassen. Die Nudeln darin in 2–4 Min. bißfest kochen, abgießen, abtropfen lassen und mit den Garnelen mischen. Den Käse zerbröckeln und mit dem Zitronensaft darüber geben.

Tip: Am besten gelingen die selbstgemachten Vollkornnudeln, wenn Sie den Dinkel erst kurz vor der Verarbeitung mahlen. Beachten Sie, daß fertiges Vollkornmehl nur begrenzt haltbar ist. Wenn Sie Zeit sparen wollen, können Sie zu den Garnelen auch gekaufte Nudeln servieren.

GEFÜLLTE SPEZIALITÄTEN

Maultaschen

Zutaten für 4 Personen:

Für den Teig:
350 g Mehl (+ Mehl für die Arbeitsfläche)
3 Eier
1 TL Salz
Für die Füllung:
250 g zarter Blattspinat (oder 150 g tiefgekühlter Spinat)
1 Brötchen vom Vortag
1 Zwiebel
50 g Räucherspeck
1 EL Butter
1 Ei
2 EL frisch gehackte Petersilie
150 g Hackfleisch (oder halb Rinderhack, halb Bratwurstbrät oder nur Kalbsbrät)
Salz · weißer Pfeffer
frisch geriebene Muskatnuß
Zum Servieren:
1 Bund Schnittlauch
3 Zwiebeln
60 g Butter

Zubereitungszeit: etwa 1 1/2 Std.
Pro Portion etwa:
3300 kJ / 790 kcal
26 g EW / 39 g F / 82 g KH

Aus Schwaben

Aus dem Mehl, den Eiern, etwa 4 EL Wasser und dem Salz einen Nudelteig herstellen (siehe Seite 19), 5–10 Min. kräftig kneten. In Folie wickeln oder mit einem feuchten Tuch bedecken und 30 Min. ruhen lassen.

Inzwischen für die Füllung den Spinat putzen, waschen, in kochendem Wasser 2 Min. blanchieren, eiskalt abschrecken, abtropfen lassen, fest ausdrücken und hacken.

Die Kruste vom Brötchen abreiben, das Brötchen in kaltem Wasser einweichen. Die Zwiebel fein hacken, den Speck fein würfeln. Beides in der Butter hellgelb braten. Das Ei trennen. Brötchen fest ausdrücken und mit Spinat, Zwiebel und Speck, der Petersilie, dem Hack oder Brät und dem Eigelb vermischen, kräftig mit Salz, Pfeffer und Muskat würzen. Eventuell die Mischung mit der abgeriebenen Brötchenkruste andicken.

Reichlich Salzwasser aufkochen lassen. Den Teig zu vier dünnen Teigplatten ausrollen. Eine Teigplatte im Abstand von etwa 6 cm mit je etwa 1 TL Füllung belegen. Die Zwischenräume mit verquirltem Eiweiß bestreichen, eine zweite Teigplatte darüber legen und zwischen den Füllungen jeweils gut zusammendrücken. Die anderen beiden Teigplatten ebenso füllen. Mit einem Teigrädchen Quadrate ausrädeln. Die Maultaschen im Salzwasser 10–15 Min. sieden lassen.

Inzwischen zum Servieren den Schnittlauch waschen, in feine Röllchen schneiden. Die Zwiebeln in Scheiben schneiden und in der Butter braun braten.

Die fertigen Maultaschen mit einem Schaumlöffel aus dem Wasser heben, abtropfen lassen, mit den gebratenen Zwiebeln übergießen und mit den Schnittlauchröllchen bestreut servieren.

Tip: Zu den Maultaschen wird in Schwaben ein saftiger Kartoffel-Salat gegessen. Man kann die Teigtaschen auch in kräftiger Rindfleischbrühe servieren.

Variante:
Gebratene Maultaschen

Maultaschenreste in Streifen schneiden, in heißer Butter von beiden Seiten braten und mit verquirlten Eiern übergießen. Als Rührei stocken lassen. Mit gebräunten Zwiebelringen servieren. Dazu einen grünen Salat reichen.

Info: Die Erfinder der Maultaschen sollen die Mönche des schwäbischen Klosters Maulbronn gewesen sein, die auf diese Weise das Fastengebot umgehen wollten. Die findigen Zisterzienser schnitten nach der Legende während der Fastenzeit Fleisch und Speck klein und versteckten beides in Spinat und Teigmantel. So konnte kein Fleischduft den Zorn Gottes erregen.

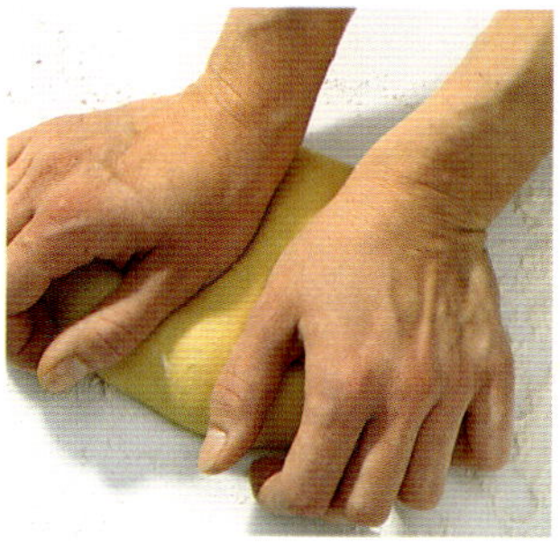

Den Nudelteig kräftig kneten. Dabei den Teig mit dem Handballen immer wieder auseinanderdrücken.

Die Zutaten für die Füllung in einer großen Schüssel gut vermischen. Füllung eventuell mit Brötchenkruste andicken.

Auf einer Teigplatte die Füllung verteilen. Zwischenräume mit Eiweiß bestreichen. Eine zweite Teigplatte darüber legen.

Zutaten für 4 Personen:

Für den Teig:
150 g Weizenmehl Type 405
(+ Mehl für die Arbeitsfläche)
150 g Weizenvollkornmehl
2 Eier · 1 Eigelb
1 EL frisch gehackter Rosmarin
1 TL frischer Thymian
4 EL Olivenöl · Salz
Für die Füllung:
300 g Champignons
50 g Schafkäse
6 getrocknete Tomaten (in Öl)
1 EL Olivenöl
Salz · schwarzer Pfeffer
2 EL frisch gehackte Petersilie
Für die Sauce:
1 Knoblauchzehe · 2 Schalotten
2 gelbe Paprikaschoten
3 Zucchini · 2 EL Olivenöl
1 TL frisch gehackter Thymian
1/8 l Gemüsebrühe
Salz · Pfeffer
4 EL Sahne

Zubereitungszeit: etwa 1 3/4 Std.
Pro Portion etwa:
2400 kJ / 570 kcal
22 g EW / 27 g F / 62 g KH

Vegetarisch

Kräuterravioli mit Zucchini

Für den Teig Weizenmehl und Weizenvollkornmehl mischen. Aus dem Mehl, den Eiern, dem Eigelb, dem Rosmarin, dem Thymian, etwa 4 EL Wasser, dem Öl und 1 TL Salz einen Nudelteig herstellen (siehe Seite 19). Bei Bedarf noch etwas Wasser hinzufügen. In Folie wickeln oder mit einem feuchten Tuch bedecken und 30 Min. ruhen lassen.

Inzwischen für die Füllung die Pilze putzen, fein hacken. Käse zerbröckeln, Tomaten kleinschneiden. Pilze im Olivenöl bei mittlerer Hitze 3 Min. dünsten und ausdampfen lassen. Salzen, pfeffern und mit der Petersilie verrühren.

Für die Sauce Knoblauch und Schalotten hacken. Die Gemüse waschen und putzen. Paprikaschoten und Zucchini in etwa 2 cm große Stücke schneiden. Knoblauch, Schalotten, Zucchini und Paprikaschoten im Olivenöl 2–4 Min. dünsten. Mit dem Thymian und der Brühe aufkochen lassen. Salzen, pfeffern. Die Sahne einrühren und alles 5 Min. garen. Die Sauce vom Herd ziehen.

Den Nudelteig dünn ausrollen. Aus dem Teig etwa 7 cm große Kreise ausstechen. Käse, Tomaten und Pilze vermischen. Auf die Hälfte der Kreise 1 TL Füllung geben, die Ränder anfeuchten, mit den übrigen Kreisen belegen, so daß runde Teigtaschen entstehen (siehe Seite 25). Ränder festdrücken. Inzwischen reichlich Salzwasser aufkochen lassen. Die Ravioli darin 10–12 Min. sieden lassen. Mit der Sauce servieren.

Tip: Verwenden Sie hochwertiges Olivenöl für diese Ravioli. Am besten nehmen Sie kaltgepreßtes, natives Olivenöl, das aus der ersten Pressung stammt und weder erhitzt noch chemisch behandelt wurde.

Ravioli mit Mozzarella und Kräutern

Zutaten für 4 Personen:

Für die Kräutersauce:
3 EL frisch gehacktes Basilikum
1 TL frischer Thymian
1 EL frischer Rosmarin
4 EL Olivenöl
Salz
schwarzer Pfeffer
Für den Teig:
150 g Weizenmehl Type 405
(+ Mehl für die Arbeitsfläche)
150 g Weizenvollkornmehl
2 Eier · 1 Eigelb
2 EL Olivenöl · Salz
Für die Füllung:
2 EL Pinienkerne
250 g Mozzarella
3 EL frisch geriebener Parmesan
Für die Sauce:
3 rote Paprikaschoten
1 Knoblauchzehe
2 TL Olivenöl
8 EL Gemüsebrühe
Salz · Pfeffer

Zubereitungszeit: etwa 1 1/2 Std.
Pro Portion etwa:
2700 kJ / 640 kcal
30 g EW / 35 g F / 54 g KH

Für Geübte

Für die Kräutersauce die Kräuter mit dem Öl, Salz und Pfeffer im Mixer pürieren.

Für den Teig die Mehle mischen. Aus dem Mehl, den Eiern, dem Eigelb, 2 EL Kräutersauce, dem Öl, Salz und etwa 4 EL Wasser einen Nudelteig herstellen (siehe Seite 19). In Folie wickeln oder mit einem feuchten Tuch bedecken und 30 Min. ruhen lassen.

Inzwischen für die Füllung die Pinienkerne in einer Pfanne ohne Fett rösten. Den Mozzarella in sehr kleine Würfel schneiden und mit dem restlichen Kräutersauce, dem Parmesan und den Pinienkernen mischen.

Den Nudelteig auf einer bemehlten Arbeitsfläche zu vier dünnen Teigplatten oder Teigstreifen ausrollen. Eine Teigplatte im Abstand von etwa 3 cm mit je etwa 1 TL Füllung belegen. Die restliche Teigplatte darüber legen und zwischen den Füllungen gut zusammendrücken. Die anderen beiden Teigplatten ebenso füllen. Die Ravioli ausschneiden (siehe Seite 25). Reichlich Salzwasser aufkochen lassen. Die Ravioli darin 5 Min. ziehen lassen, dann herausheben.

Inzwischen für die Sauce die Paprikaschoten waschen, putzen und in Streifen schneiden. Den Knoblauch hacken. Beides im Olivenöl ganz kurz andünsten, die Brühe einrühren und alles 5 Min. bei schwacher Hitze garen. Salzen, pfeffern und pürieren. Mit den Ravioli servieren.

Der Tip vom Profi !

Italienische Hausfrauen stellen runde Ravioli auch so her: Auf eine dünn ausgerollte Teigplatte im Abstand von 10 cm jeweils 1 TL Füllung geben. Eine zweite Teigplatte darüber legen. Zwischenräume gut andrücken, Luftlöcher eventuell mit einer Nadel anstechen und beseitigen. Dann die Ravioli rund um die Füllung ausstechen. Als Ausstechform kann ein Glas dienen. Falls Sie Ravioli vorbereiten: Mit Folie abdecken und im Kühlschrank aufbewahren.

Zutaten für 4 Personen:

Für den Teig:
300 g Mehl
(+ Mehl für die Arbeitsfläche)
3 große Eier
1 EL Olivenöl
1/2 TL Salz
Für die Füllung:
150 g tiefgekühlter Spinat
150 g trockener Ziegenkäse
1 EL Butter
2 EL Semmelbrösel
1 Ei
Salz
weißer Pfeffer
Zum Servieren:
3 Zweige frische Pfefferminze
5 EL Butter
Salz
weißer Pfeffer
75 g frisch geriebener Pecorino
(ersatzweise Parmesan)

Zubereitungszeit: etwa 1 1/2 Std.
Pro Portion etwa:
3000 kJ / 710 kcal
24 g EW / 33 g F / 64 g KH

Aus Italien

Ravioli mit Minze

Aus dem Mehl, den Eiern, dem Öl und eventuell 1 – 2 EL Wasser und dem Salz einen Nudelteig herstellen (siehe Seite 19). In Folie wickeln oder mit einem feuchten Tuch bedecken und 30 Min. ruhen lassen.

Inzwischen für die Füllung den Spinat nach Packungsanleitung erwärmen, in einem Sieb abtropfen lassen, ausdrücken. Den Ziegenkäse würfeln, mit der Gabel zerdrücken. Mit dem Spinat, der Butter, den Semmelbröseln und dem Ei vermischen. Salzen, pfeffern und 10 Min. quellen lassen.

Den Nudelteig mit dem Nudelholz auf einer bemehlten Arbeitsfläche oder mit der Nudelmaschine dünn ausrollen. Aus dem Teig 10 cm große Kreise ausstechen, auf jeden etwas Füllung geben, die Ränder anfeuchten und die Kreise zu Halbmonden zusammenfalten (siehe Seite 25). Ränder festdrücken. Inzwischen reichlich Salzwasser aufkochen lassen. Die Ravioli darin 15 Min. sieden lassen.

Inzwischen die Pfefferminze waschen und grob hacken, in der Butter 3 Min. andünsten, mit Salz und Pfeffer würzen.

Die Ravioli abgießen, abtropfen lassen und mit der Minzbutter übergießen. Mit Käse bestreut servieren.

Zutaten für 4 Personen:

Für den Teig:
300 g Mehl
(+ Mehl für die Arbeitsfläche)
3 große Eier
1 EL Olivenöl · 1/2 TL Salz
Für die Füllung:
300 g Pilze (z. B. Steinpilze, Pfifferlinge oder Champignons)
1 kleine Schalotte
2 EL Butter
1 TL Mehl
100 g gekochter Schinken
1 Ei
2 EL Sahne
1 EL frisch gehackte Petersilie
Salz
Pfeffer
Zum Servieren:
50 g Butter
3–4 Zweige frischer Thymian
50 g frisch geriebener Grana Padano (ersatzweise Parmesan)

Zubereitungszeit: 1 3/4 Std.
Pro Portion etwa:
2800 kJ / 670 kcal
23 g EW / 34 g F / 61 g KH

Für Gäste

Pilzravioli

Aus dem Mehl, den Eiern, dem Öl und eventuell 1–2 EL Wasser und dem Salz einen Nudelteig herstellen (siehe Seite 19). In Folie wickeln oder mit einem feuchten Tuch bedecken und 30 Min. ruhen lassen.

Inzwischen für die Füllung Pilze putzen und kleinschneiden. Schalotte hacken und in der Butter glasig werden lassen. Pilze bei mittlerer Hitze unter Rühren mitbraten, bis die Flüssigkeit, die sich dabei bildet, verdampft ist. Die Pilze mit Mehl bestäuben.

Den Schinken kleinschneiden. Das Ei mit der Sahne verrühren. Mit dem Schinken und der Petersilie unter die Pilzmasse rühren. Mit Salz und Pfeffer würzen. Sollte die Füllung zu weich sein, etwas Mehl hinzufügen.

Den Teig auf einer bemehlten Arbeitsfläche zu vier dünnen Teigplatten ausrollen. Eine Teigplatte im Abstand von etwa 5 cm mit je etwa 1 TL Füllung belegen. Eine zweite Teigplatte darüber legen. Zwischen den Füllungen gut zusammendrücken und die Ravioli ausschneiden (siehe Seite 25). Die anderen beiden Teigplatten ebenso füllen. Inzwischen reichlich Salzwasser aufkochen lassen, die Ravioli darin 4–5 Min. sieden lassen.

Die Butter mit dem Thymian aufschäumen lassen und durch ein Sieb über die Ravioli gießen. Den Käse dazu reichen.

Zutaten für 4 Personen:

Für den Teig:
200 g Mehl (+ Mehl für die Arbeitsfläche)
100 g Hartweizengrieß · 2 Eier
3–6 EL Weißwein
1 TL Salz · 1 EL Olivenöl
Für die Füllung:
100 g frisch gehackte gemischte Kräuter (z. B. Petersilie, Borretsch, Basilikum, nach Belieben auch Mangold)
200 g Ricotta (italienischer Frischkäse)
50 g frisch geriebener Pecorino (oder Parmesan)
Salz · weißer Pfeffer
evtl. Semmelbrösel
Für die Sauce:
2 Zweige frisches Basilikum
2 EL Pinienkerne
150 g Walnußkerne
2 Knoblauchzehen · 10 EL Olivenöl
Salz · weißer Pfeffer
1 EL frisch gehackte Petersilie

Zubereitungszeit: etwa 1 1/2 Std.
Pro Portion etwa:
3600 kJ / 860 kcal
17 g EW / 52 g F / 64 g KH

Für Geübte

Pansoòti mit Nußsauce

Für den Teig Mehl und Grieß in einer Schüssel mischen, die Eier und den Weißwein, Salz und das Öl unterrühren. Zunächst mit einem Rührlöffel, dann mit den Händen in 5 Min. zu einem glatten, geschmeidigen Teig kneten. Bei Bedarf noch etwas Wein oder Wasser hinzufügen. Teig in Folie wickeln oder mit einem feuchten Tuch bedecken. 20 Min. ruhen lassen.

Für die Füllung die gehackten Kräuter mit dem Ricotta und 2–3 EL Pecorino vermischen, leicht salzen und pfeffern. Ist die Masse zu feucht, noch Semmelbrösel zugeben.

Den Nudelteig mit dem Nudelholz auf einer bemehlten Arbeitsfläche oder mit der Nudelmaschine dünn ausrollen, in etwa 6 cm große Quadrate schneiden. Jeweils 1 TL Füllung in die Mitte der Quadrate geben, die Ränder befeuchten. Die Quadrate zu Dreiecken zusammenlegen, die Ränder festdrücken (siehe Seite 25). Inzwischen reichlich Salzwasser aufkochen lassen. Die Pansoòti darin 8 Min. leise sieden lassen.

Für die Sauce das Basilikum waschen, die Blätter abzupfen. Die Pinienkerne in einer Pfanne ohne Fett hellbraun rösten, mit 100 g Walnußkernen, den Basilikumblättern und den Knoblauchzehen im Mixer pürieren, das Olivenöl nach und nach dazugießen. Mit Salz und Pfeffer abschmecken. Falls die Sauce zu fest ist, etwas Nudelwasser unterrühren.

Die Nudeln abgießen, nur kurz abtropfen lassen und mit der Nußsauce mischen. Mit dem restlichem Käse und der Petersilie bestreuen und mit den übrigen halbierten Walnußkernen garnieren.

Info: In Ligurien, der Heimat dieses Nudelgerichts, wird die Füllung auch nur mit Mangoldblättern zubereitet.

Tiroler Schlutzkrapfen

Zutaten für 4 Personen:

Für den Teig:
250 g Roggenmehl
100 g Weizenmehl Type 405
(+ Mehl für die Arbeitsfläche)
2 Eier · Salz · 2 EL Öl
Für die Füllung:
400 g zarter Blattspinat
1 Zwiebel · 2 EL Butter
1 EL Mehl · 1/8 l Milch
Salz · Pfeffer
frisch geriebene Muskatnuß
Zum Servieren:
75 g Butter
75 g frisch geriebener
alter Bergkäse (Alpkäse)

Zubereitungszeit: etwa 1 1/2 Std.
Pro Portion etwa:
2900 kJ / 690 kcal
22 g EW / 37 g F / 71 g KH

Vegetarisch

Für den Teig die Mehle mischen, die Eier, 4–6 EL Wasser, Salz und das Öl unterrühren. Erst mit einem Rührlöffel, dann mit den Händen in 5–10 Min. zu einem geschmeidigen Teig kneten. Bei Bedarf noch etwas Wasser hinzufügen. In Folie wickeln. 20 Min. ruhen lassen.

Inzwischen für die Füllung den Spinat verlesen, waschen und tropfnaß in einem heißen Topf 2 Min. zugedeckt garen, ausdrücken und hacken. Zwiebel fein würfeln, in der Butter hell andünsten. Das Mehl einrühren. Alles 2 Min. abkühlen lassen, die Milch dazugießen und unter Rühren aufkochen, dann 5 Min. bei schwacher Hitze leise köcheln lassen. Vom Herd nehmen, den Spinat untermischen und mit Salz, Pfeffer und 1 Prise Muskat abschmecken.

Teig halbieren, jede Hälfte auf einer bemehlten Fläche etwa 2 mm dünn ausrollen. Aus dem Teig 6–7 cm große Kreise ausstechen, auf jeden etwas Füllung geben, die Ränder anfeuchten und die Kreise zu Halbmonden zusammenfalten, die Ränder festdrücken (siehe Seite 25).

Inzwischen reichlich Salzwasser aufkochen lassen, die Schlutzkrapfen darin 5 Min. ziehen lassen. Die Butter in einer Pfanne erhitzen, Nudeltaschen kurz darin schwenken und mit Käse bestreut servieren.

Das besondere Rezept

Die Schlutzkrapfen schmecken allen, die die einfache, bodenständige Küche lieben. Preiswerte Zutaten verwandeln sich durch traditionelle Zubereitung in eine Delikatesse, die auch eingeschworene Fleischesser auf den vegetarischen Geschmack bringt. Das Roggenmehl verleiht dem Teig kräftiges Aroma, das gut zu Spinat und dem rustikalen Bergkäse paßt. Bei der Zubereitung braucht man ein wenig Fingerspitzengefühl. Denn durch das Roggenmehl trocknet der Teig leicht aus.

Tortellini mit Fleischfüllung in Salbeibutter

Zutaten für 4 Personen:

Für den Teig:
300 g Mehl (+ Mehl für die Arbeitsfläche)
4 Eier
1 EL Milch
Salz
Für die Füllung:
1 kleine Zwiebel
50 g roher Schinken
2 EL Butter
je 125 g gehacktes Kalb- und Schweinefleisch
1 EL frisch gehackte Petersilie
1 EL Semmelbrösel
2 EL frisch geriebener Parmesan
1 Eigelb
Salz
Pfeffer
Zum Servieren:
50 g Butter
3 frisch gehackte Salbeiblätter
50 g frisch geriebener Parmesan

Zubereitungszeit: etwa 2 Std.
Pro Portion etwa:
2900 kJ / 690 kcal
35 g EW / 33 g F / 63 g KH

Aus Italien

Zu den Tortellini schmeckt ein italienischer Rotwein, z. B. ein Barbera D'Asti oder ein Bardolino.

Aus dem Mehl, den Eiern, der Milch, eventuell 1 EL Wasser und Salz einen Nudelteig herstellen (siehe Seite 19). Den Teig kräftig durchkneten. In Folie wickeln oder mit einem feuchten Tuch bedecken und mindestens 30 Min. ruhen lassen.

Inzwischen für die Füllung die Zwiebel und den Schinken fein hacken. Die Zwiebel in der Butter glasig dünsten. Das Hackfleisch und den Schinken kurz mitdünsten, bis das Fleisch Farbe annimmt. Alles in eine Schüssel geben und mit der Petersilie, den Semmelbröseln, dem Parmesan und dem Eigelb gründlich zu einer festen Masse vermischen, bei Bedarf noch Semmelbrösel oder etwas flüssige Butter dazugeben. Mit Salz und Pfeffer abschmecken.

Den Nudelteig mit dem Nudelholz auf einer bemehlten Arbeitsfläche oder mit der Nudelmaschine dünn ausrollen. In etwa 5 cm große Quadrate schneiden, jeweils 1 TL Füllung in die Mitte geben. Die Quadrate zu Dreiecken zusammenlegen, die Ränder leicht zusammendrücken. Das Dreieck mit der Spitze nach unten um den Zeigefinger schlingen, die Enden fest zusammendrücken. Mit der anderen Hand die Teigspitze umklappen. Gleichzeitig den fertigen Tortellino vom Finger ziehen und auf ein bemehltes Küchentuch legen.

Inzwischen reichlich Salzwasser aufkochen lassen. Die Tortellini darin 10 Min. sieden lassen, abgießen und anrichten.

Die Butter mit den Salbeiblättchen in einer Pfanne aufschäumen lassen. Die Tortellini damit begießen und mit dem Parmesan bestreut servieren.

Tip: Typisches Aroma erhalten die Tortellini durch original italienischen Parmesankäse. Der echte kommt aus der Stadt Parma und darf sich Parmigiano-Reggiano nennen. Sie können ihn beim italienischen Feinkosthändler, an gut sortierten Käsetheken, manchmal auch im Bioladen kaufen. Frisch gerieben schmeckt er unvergleichlich besser als gerieben aus der Tüte oder Dose. Kaufen Sie deshalb Parmesan immer am Stück. Im Gemüsefach des Kühlschranks können Sie ihn, in Alufolie verpackt, bis zu vier Wochen aufheben. Stechen Sie mit einer Nadel kleine Löcher in die Folie, damit der Käse etwas Luft bekommt.

Das gefüllte Teigquadrat zu einem Dreieck zusammenlegen, die Ränder leicht zusammendrücken.

Das Dreieck um den Zeigefinger schlingen, die Enden fest zusammendrücken, damit sie gut aneinanderkleben.

Die Dreieckspitze umklappen. So kann keine Füllung austreten. Gleichzeitig den Tortellino vom Finger ziehen.

Zutaten für 4 Personen:

Für den Teig:
80 g Weizenmehl Type 405
(+ Mehl für die Arbeitsfläche)
70 g Weizenvollkornmehl
1 großes Ei · 2 EL Olivenöl
1/2 TL Salz
Für die Füllung:
Salz · 2 EL Zitronensaft
4 Artischocken · 2 Schalotten
1/2 TL frischer Thymian
frisch geriebene Muskatnuß
1 EL Olivenöl
(+ Öl für den Dämpfeinsatz)
schwarzer Pfeffer
1 EL gehackte Walnußkerne
12 lange Schnittlauchhalme
nach Belieben
Für die Sauce:
125 g Sahne · 1–2 Msp. Safran
Cayennepfeffer · Salz
1 EL frisch gehackter Kerbel
Und: 1 Dämpfeinsatz oder
Dämpfkorb

Zubereitungszeit: etwa 1 1/2 Std.
Pro Portion etwa:
1400 kJ / 330 kcal
9 g EW / 20 g F / 28 g KH

Für Geübte

Teigbeutelchen mit Artischocken

Für den Teig die Mehle mischen. Aus dem Mehl, dem Ei, dem Öl, Salz und etwa 2 EL Wasser einen Nudelteig herstellen (siehe Seite 19). Den Teig kräftig kneten. In Folie wickeln oder mit einem feuchten Tuch bedecken. 30 Min. ruhen lassen.

Für die Füllung inzwischen 1 l Salzwasser mit dem Zitronensaft aufkochen lassen. Die Artischocken waschen, die Stiele abschneiden. Die Artischockenböden von den Blättern und dem »Heu« befreien, im Salzwasser 10 Min. zugedeckt bei mittlerer Hitze garen, herausnehmen und kleinschneiden. Die Schalotten hacken und mit den Artischocken, dem Thymian und 1 Prise Muskat bei mittlerer Hitze in dem Olivenöl 3 Min. dünsten. Salzen und pfeffern. Die Artischocken in einer Schüssel mit den Nüssen vermischen.

Den Nudelteig mit dem Nudelholz auf einer bemehlten Arbeitsfläche oder mit der Nudelmaschine dünn ausrollen. Aus dem Teig 8 cm große Kreise ausstechen, auf jeden etwas Artischocken-Füllung geben. Die Teigränder anfeuchten, zusammenraffen und locker zusammendrücken, so daß kleine Beutel entstehen. Die Teigbeutelchen nach Belieben mit Schnittlauch zusammenbinden.

Einen Dämpfeinsatz oder -korb mit Öl bepinseln. Die Teigbeutelchen hineinsetzen und in einen Topf stellen. Etwa 2 cm hoch Wasser in den Topf füllen, erhitzen und die Teigbeutelchen zugedeckt über heißem Dampf 10 Min. dämpfen.

Inzwischen für die Sauce die Sahne mit dem Safran erhitzen, mit Cayennepfeffer, Salz und Kerbel würzen und zu den Teigbeutelchen reichen.

Variante:
Teigbeutelchen mit Gemüsesauce

In 1/2 l Gemüsebrühe 100 g Broccoliröschen und 100 g Möhrenstifte 5 Min. garen. In der letzten Min. 1 gewürfelte Tomate mitgaren und 2 EL Crème fraîche einrühren. Die Teigbeutelchen in die Sauce legen und servieren.

Zutaten für 4 Personen:

Für die Füllung:
1 kg gelber Kürbis
1 kleine Zwiebel
1 EL Butter
50 g roher Schinken
2 Eigelb
75 g frisch geriebener Parmesan
Salz · Pfeffer
frisch geriebene Muskatnuß
Für den Teig:
400 g Mehl (+ Mehl für die Arbeitsfläche)
4 große Eier
1 EL Olivenöl
1/2 TL Salz
Zum Servieren:
Salz
100 g Butter
einige frische Salbeiblätter
75 g frisch geriebener Parmesan
Und: Backpapier

Zubereitungszeit: etwa 2 3/4 Std.
Pro Portion etwa:
3900 kJ / 930 kcal
33 g EW / 50 g F / 88 g KH

Läßt sich gut vorbereiten

Teigtäschchen mit Kürbis

Den Backofen auf 220° vorheizen. Für die Füllung den Kürbis halbieren und von Kernen und Fasern befreien. Den Kürbis ungeschält in etwa 8 cm dicke Schnitze teilen und auf ein Blech mit Backpapier legen. Die Kürbisschnitze im Ofen (Mitte, Umluft 200°) etwa 15 Min. backen, dann noch weitere 40–45 Min. bei 190° (Umluft 170°) backen. Das Kürbisfleisch muß sehr weich werden.

Inzwischen aus dem Mehl, den Eiern, dem Öl, eventuell 1–2 EL Wasser und Salz einen Nudelteig herstellen (siehe Seite 19). In Folie wickeln oder mit einem feuchten Tuch bedecken, mindestens 30 Min. ruhen lassen.

Den Kürbis 10 Min. abkühlen lassen, schälen und nochmals für 15 Min. im ausgeschalteten Ofen auf dem Blech trocknen lassen. Inzwischen die Zwiebel hacken und in der Butter glasig dünsten. Den Schinken hacken. Das Kürbisfleisch pürieren und mit den Eigelben, dem Schinken, der Zwiebel und dem Parmesan mischen. Mit Salz, Pfeffer und Muskat abschmecken.

Den Nudelteig auf einer bemehlten Arbeitsfläche oder mit der Nudelmaschine dünn ausrollen. Aus dem Teig 5–6 cm große Kreise ausstechen, auf jeden etwa 1 TL Füllung geben, die Ränder anfeuchten und die Kreise zu Halbmonden zusammenfalten, die Ränder festdrücken (siehe Seite 25). Inzwischen reichlich Salzwasser aufkochen lassen. Die Teigtäschchen darin 4–5 Min. sieden lassen, abgießen und sofort mit 20 g Butter mischen. Die restliche Butter mit den Salbeiblättern aufschäumen lassen und nach Belieben durch ein Sieb gießen oder mit den Blättern über die Teigtäschchen verteilen. Den Parmesan dazu reichen.

Tips: In Italien mischt man einige zerstoßene Amaretti unter die Kürbisfüllung, was ihr einen süßlichen Geschmack gibt. Man kann die Amaretti auch durch 30 g geriebene Mandeln ersetzen und die Füllung mit etwas Ingwerpulver abschmecken.

Die Teigtäschchen können Sie problemlos einige Stunden vorm Garen schon vorbereiten und füllen – mit Folie bedeckt im Kühlschrank aufbewahren.

Zutaten für 4 Personen:

Für den Teig:
300 g Mehl (+ Mehl für die Arbeitsfläche)
100 g Hartweizengrieß
2 Eier · 2 EL Öl
Salz
Für die Füllung:
2 Eier
150 g Doppelrahm-Frischkäse
30 g frisch geriebener Hartkäse (z. B. Emmentaler)
50 g gehackte Walnußkerne
4 EL frisch gehackte Minze
2 EL Semmelbrösel
1 TL türkische Paprikaflocken (türkisches Feinkostgeschäft)
Salz · Pfeffer
Für die Sauce:
400 g Sahnejoghurt
Salz · Pfeffer
4 Knoblauchzehen
4 EL Olivenöl
1 TL Paprika, rosenscharf

Zubereitungszeit: etwa 1 1/2 Std.
Pro Portion etwa:
4000 kJ / 950 kcal
25 g EW / 49 g F / 89 g KH

Aus der Türkei

Nudeltaschen mit Joghurtsauce

Für den Teig Mehl und Grieß mischen. Aus dem Mehl, dem Grieß, den Eiern, 4 – 6 EL lauwarmem Wasser, dem Öl und Salz einen geschmeidigen Nudelteig herstellen (siehe Seite 19). Den Teig kräftig durchkneten. Bei Bedarf noch etwas Wasser hinzufügen. In Folie wickeln oder mit einem feuchten Tuch bedecken und 30 Min. ruhen lassen.

Inzwischen für die Füllung 1 Ei trennen. Den Frischkäse, den Hartkäse, die Walnußkerne und die Minze mit 1 Ei, 1 Eigelb und den Semmelbröseln verrühren, mit den Paprikaflocken, Salz und Pfeffer abschmecken, etwas quellen lassen.

Den Teig mit dem Nudelholz auf einer bemehlten Arbeitsfläche oder mit der Nudelmaschine dünn ausrollen, in etwa 5 cm große Quadrate schneiden, jeweils 1/2 TL Füllung in die Mitte geben, die Ränder mit Eiweiß bestreichen. Die Ecken diagonal zusammenfassen, so daß Dreiecke entstehen. Die Ränder fest andrücken (siehe Seite 25). Reichlich Salzwasser aufkochen lassen. Die Teigtaschen darin 12 Min. sieden lassen.

Inzwischen für die Sauce den Joghurt mit etwas Wasser, Salz und Pfeffer cremig rühren. Den Knoblauch dazudrücken. Das Öl leicht erhitzen und das Paprikapulver sehr kurz darin andünsten.

Die Nudeltaschen abgießen, abtropfen lassen und auf Tellern anrichten, mit der kalten Joghurtsauce übergießen. Das Paprikaöl über den Joghurt träufeln.

Conchiglione mit Lachscreme

Zutaten für 4 Personen:

150 g frisches Lachsfilet
Salz · Pfeffer
Cayennepfeffer
125 g Crème double
1 kleines Ei (Gew.-Kl. 4)
2 EL Semmelbrösel
12 Conchiglione
(große Muschelnudeln zum Füllen)
50 g geschälte, gegarte Garnelen
2 EL frisch gehackte Petersilie
40 g Butter (+ Butter für die Form)
250 g reife Tomaten
1 Zweig Estragon · 1 Schalotte
1 EL trockener Vermouth
nach Belieben
100 ml Weißwein (ersatzweise
Fischfond aus dem Glas)
3 EL Sahne
Und: 1 breite, feuerfeste Form

Zubereitungszeit: etwa 1 1/2 Std.
Pro Portion etwa:
2100 kJ / 500 kcal
18 g EW / 33 g F / 30 g KH

Für Gäste

Den Lachs mit Salz, Pfeffer und Cayennepfeffer würzen, im Mixer pürieren. Die Crème double, das Ei und die Semmelbrösel untermischen. 20 Min. kühl stellen.

Inzwischen reichlich Salzwasser aufkochen lassen. Die Nudeln darin nach Packungsanleitung bißfest kochen, abgießen, unter kaltem Wasser abkühlen, abtropfen lassen. Backofen auf 220° vorheizen.

Die Garnelen kleinschneiden und mit der Petersilie unter die Lachsmasse rühren. Mit einem Teelöffel die Nudeln vorsichtig mit der Mischung füllen und in eine gebutterte Auflaufform setzen.

Die Tomaten kurz überbrühen, häuten und entkernen, ohne die Stielansätze fein würfeln. Den Estragon und die Schalotte fein hacken. Den Vermouth mit dem Weißwein aufkochen lassen, die Schalotten hinzufügen und die Flüssigkeit bei starker Hitze offen zur Hälfte einkochen lassen. Die Tomaten und den Estragon unterrühren, 5 Min. zugedeckt kochen lassen. Die Sahne und nach und nach die Butter in Flöckchen unterschlagen. Mit Salz und Cayennepfeffer abschmecken. Die Sauce über die Nudeln gießen. Im Ofen (Mitte, Umluft 200°) 15 Min. erhitzen.

Tip: Servieren Sie die Conchiglione als kleine, feine Vorspeise, wenn Gäste kommen. Sie können die Lachscreme Stunden vorher zubereiten, auch die Nudeln bereits kochen und abkühlen lassen. Bevor die Gäste kommen, die Nudeln füllen und in die Form setzen. Die Sauce zubereiten und darüber gießen und das Gericht im Ofen erhitzen.

Dim Sum mit Garnelen

Zutaten für 4 Personen :

Für den Teig:
180 g feines Weizenmehl (+ Mehl für die Arbeitsfläche)
3 EL Maisstärke
1 1/2 EL zerlassenes Schweineschmalz (oder Öl)
1/2 TL Salz
Für die Füllung:
300 g gegarte und geschälte Garnelen
1 kleine Knoblauchzehe
1 EL frisch gehacktes Koriandergrün (oder Schnittlauch)
1/2 TL Sojasauce
Für die Sauce:
1 Knoblauchzehe
1 TL frisch gehackter Schnittlauch
4 EL Tomatenketchup
1 EL Sojasauce
1 EL Essig
2 EL Honig
Sesamöl für den Dämpfeinsatz und zum Bepinseln
Und: 1 Dämpfeinsatz oder Dämpfkorb

Zubereitungszeit: etwa 2 Std.
Pro Portion etwa:
1400 kJ / 330 kcal
19 g EW / 7 g F / 49 g KH

Für Geübte

Aus dem Mehl, der Maisstärke, dem Schweineschmalz oder Öl, dem Salz und 6–8 EL Wasser einen Nudelteig herstellen (siehe Seite 19). Den Teig kräftig durchkneten. In Folie wickeln oder mit einem feuchten Tuch bedecken und 30 Min. ruhen lassen.

Inzwischen für die Füllung die Garnelen fein schneiden, den Knoblauch hacken und mit dem Koriander und der Sojasauce mischen.

Für die Sauce den Knoblauch pressen und mit dem Schnittlauch, dem Ketchup, der Sojasauce, dem Essig und dem Honig gut verrühren.

Nach dem Ruhen den Teig eventuell nochmal mit etwas Mehl kneten, bis er nicht mehr klebt. Den Teig halbieren, zu zwei 1–2 cm dicken Rollen formen. Fingerdicke Scheiben abschneiden, jeweils auf einer bemehlten Arbeitsfläche zu runden, sehr dünnen Teigplatten ausrollen und wie einen Strudelteig ausziehen. Die ausgezogenen Teigplatten sollen etwa die Größe einer Untertasse haben. Je 1 TL Füllung auf die runden Teigplatten geben. Die Teigränder zusammenraffen, leicht drehen und zusammendrücken, so daß kleine Beutel entstehen.

Einen Dämpfeinsatz oder Dämpfkorb mit Sesamöl bepinseln. Die Teigbeutel hineinsetzen, mit wenig Sesamöl bepinseln und in einen Topf setzen. Etwa 2 cm hoch Wasser in den Topf füllen und die Dim Sum zugedeckt über heißem Dampf 8–10 Min. garen. Die Dim Sum mit der süßsauren Sauce servieren.

Info: Dim Sum sind ursprünglich eine Spezialität der kantonesischen Küche. Es sind kleine Snacks, die vormittags in Teehäusern zum Tee gereicht wurden. Dim Sum bedeutet »das Herz berühren«, das bringt zum Ausdruck, daß man die kleinen Häppchen nicht aß um satt zu werden, sondern um sich an ihrer Feinheit zu erfreuen. Heute gibt es in vielen chinesischen Restaurants spezielle Dim-Sum-Karten. Der Gast bekommt seine Auswahl in kleinen Bambusdämpfkörbchen serviert.

Tip: Die Dim Sum eignen sich wunderbar als Vorspeise in einem asiatischen Menü oder als leichter Imbiß. Wenn Sie sie als Hauptgericht zubereiten wollen, verdoppeln Sie die Mengen für Teig, Füllung und Sauce.

Variante:
Dim Sum mit Pilzen und Gemüse

Für die Füllung 10 g getrocknete chinesische Pilze (Mu Err) einweichen. Je 100 g Möhren, Lauch und Frühlingszwiebeln kleinschneiden und im Wok unter Rühren bißfest braten. 50 g Sojabohnensprossen überbrühen, abtropfen lassen und grob hacken, mit den abgetropften Pilzen in eine Schüssel geben. 1 TL Maisstärke und 1 TL Sojasauce verrühren und mit dem abgekühlten Gemüse, den Sojabohnensprossen und den Pilzen mischen. Die Füllung mit Ingwer, Salz und Pfeffer abschmecken.

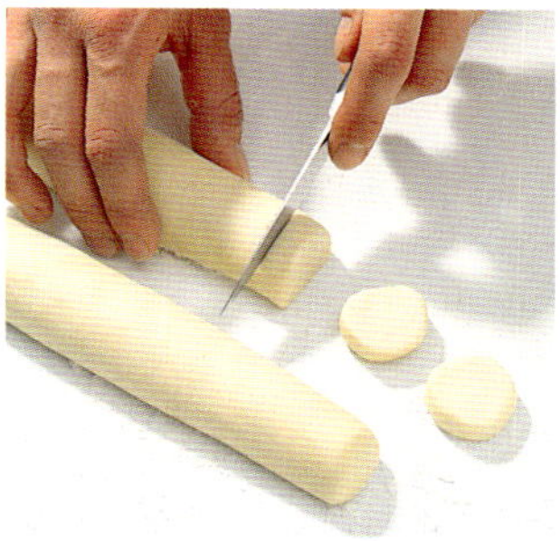

Den Teig halbieren und zu zwei Rollen formen. Davon jeweils fingerdicke Scheiben abschneiden.

Die Scheibe zu einer hauchdünnen Teigplatte ausrollen und wie einen Strudelteig ausziehen. Je 1 TL Füllung daraufgeben.

Die Teigränder mit den Fingerspitzen zusammenraffen, leicht drehen und zusammendrücken.

Zutaten für 4 Personen:

Für den Teig:
350 g Mehl (+ Mehl für die Arbeitsfläche)
1 Ei
2 EL zerlassenes Schweineschmalz
Salz
Für die Füllung:
1 große Zwiebel
1 EL Schweineschmalz
400 g Sauerkraut
Salz
schwarzer Pfeffer
Zum Servieren:
1 Zwiebel
100 g durchwachsener Räucherspeck
1 EL Schweineschmalz
4 EL frisch gehackter Schnittlauch

Zubereitungszeit: etwa 2 Std.
Pro Portion etwa:
2700 kJ / 640 kcal
13 g EW / 34 g F / 75 g KH

Aus Polen

Sauerkraut-Pierogi

Aus dem Mehl, dem Ei, dem Schweineschmalz, dem Salz und 1/8 l Wasser einen Nudelteig herstellen (siehe Seite 19). Den Teig kräftig durchkneten. In Folie wickeln oder mit einem feuchten Tuch bedecken und mindestens 1 Stunde ruhen lassen.

Inzwischen für die Füllung die Zwiebel klein würfeln. In einem Topf das Schmalz erhitzen, die Zwiebelwürfel darin goldgelb anbraten. Das Sauerkraut grob zerpflücken und dazugeben, mit Salz und Pfeffer würzen und zugedeckt 10 Min. köcheln, dann abkühlen lassen.

Den Nudelteig mit dem Nudelholz auf einer bemehlten Arbeitsfläche oder mit der Nudelmaschine dünn ausrollen. Aus dem Teig etwa 8 cm große Kreise ausstechen. Die Ränder leicht mit Wasser anfeuchten.

Jeweils etwas Sauerkraut auf die Mitte der Teigkreise geben. Die Kreise zu Halbmonden zusammenfalten. Die Ränder gut festdrücken (siehe Seite 25).

Reichlich Salzwasser aufkochen lassen. Die Pierogi darin portionsweise 5–6 Min. garen.

Inzwischen zum Servieren die Zwiebel und den Speck klein würfeln. Das Schmalz in einer Pfanne erhitzen, die Zwiebeln und den Speck hineingeben. Die Zwiebeln goldgelb und den Speck leicht knusprig werden lassen.

Die Pierogi in ein Sieb abgießen, sehr gut abtropfen lassen, mit der Speck-Zwiebel-Sauce servieren. Den Schnittlauch darüber streuen.

Zu den herzhaften Pierogi schmeckt ein kühles Bier und eventuell ein Wodka.

Zutaten für 4 Personen:

Für den Teig:
160 g Mehl (+ Mehl für die Arbeitsfläche)
1 Ei · 1/2 TL Salz
Für die Füllung:
1 dünne Stange Lauch
1 kleine Möhre
1 dünne Stange Staudensellerie
200 g gehacktes Schweinefleisch
1 EL frisch gehackter Schnittlauch
1 EL Sojasauce
1 TL Maisstärke
Salz · Pfeffer
Für die Sauce:
1 Knoblauchzehe
2 EL Reiswein (Asienladen)
2 EL Honig · 1 EL Sojasauce
Cayennepfeffer
Und: Öl zum Fritieren

Zubereitungszeit: etwa 1 1/4 Std.
Pro Portion etwa:
1900 kJ / 450 kcal
16 g EW / 23 g F / 43 g KH

Für Geübte

Fritierte Teigtaschen

Aus dem Mehl, dem Ei, dem Salz und 3–4 EL Wasser einen geschmeidigen Nudelteig herstellen (siehe Seite 19). In Folie wickeln oder mit einem feuchten Tuch bedecken. Mindestens 20 Min. ruhen lassen.

Inzwischen für die Füllung den Lauch, die Möhre und den Staudensellerie waschen, putzen und in sehr kleine Würfel schneiden. Das Gemüse mit dem Schweinefleisch, dem Schnittlauch, der Sojasauce und der Maisstärke mischen und mit Salz und Pfeffer abschmecken.

Für die Sauce den Knoblauch pressen und mit dem Reiswein, dem Honig und der Sojasauce mischen. Mit wenig Cayennepfeffer abschmecken.

Den Nudelteig mit dem Nudelholz auf einer bemehlten Arbeitsfläche oder mit der Nudelmaschine dünn ausrollen. In etwa 6 cm große Quadrate schneiden, jeweils 1 TL Füllung in die Mitte geben. Die Ecken zusammenraffen, leicht drehen und gut zusammendrücken.

Inzwischen reichlich Öl in einem Wok oder einer tiefen Pfanne erhitzen. Es ist heiß genug, wenn an einem hölzernen Kochlöffelstiel, den Sie ins Öl halten, Bläschen aufsteigen. Die Teigtaschen portionsweise 2–3 Min. im heißen Öl fritieren, mit einem Schaumlöffel herausnehmen und mit der Honigsauce servieren.

Tip: Schneller geht es, wenn Sie Wantan-Reisblätter verwenden, die beim Fritieren ebenfalls knusprig werden. Sie bekommen die Teigblätter in Asienläden.

Variante:

Teigtaschen mit Geflügelfüllung

Ersetzen Sie das Schweinefleisch durch 200 g kleingeschnittenes Hähnchenbrustfilet. Würzen Sie die Füllung zusätzlich mit etwa 20 g frisch geriebenem Ingwer und einer Prise Chilipulver.

AUS DEM OFEN

Zutaten für 4 Personen:

Salz · 250 g Muschelnudeln
150 g Debrezinerwurst
450 g gemischtes tiefgekühltes Gemüse (z.B. Suppengemüse)
400 ml Milch · 4 Eier
200 g frisch geriebener Emmentaler
schwarzer Pfeffer
frisch geriebene Muskatnuß
Und: 1 feuerfeste Form
Butter für die Form

Zubereitungszeit: etwa 30 Min. (+ 40 Min. Backzeit)
Pro Portion etwa:
3300 kJ / 790 kcal
47 g EW / 39 g F / 64 g KH

Gelingt leicht

Nudel-Gemüse-Auflauf

Reichlich Salzwasser aufkochen lassen. Die Nudeln darin nach Packungsanleitung bißfest kochen. Den Backofen auf 200° vorheizen. Die Debreziner würfeln.

Das Gemüse zu den Nudeln geben und alles noch einmal aufkochen lassen, dann gut abtropfen lassen, mit den Debrezinern mischen und in die gebutterte Form geben.

Milch, Eier und Emmentaler verrühren, mit Salz, Pfeffer und Muskat kräftig würzen und über die anderen Zutaten geben. Im Ofen (Mitte, Umluft 180°) 40 Min. überbacken.

Schinkennudeln mit Lauch

Reichlich Salzwasser aufkochen lassen. Die Makkaroni darin nach Packungsanleitung bißfest kochen. Den Lauch putzen, gründlich waschen und in Ringe schneiden. Den Schinken würfeln. Die Petersilie waschen und hacken. Den Backofen auf 200° vorheizen.

Eier, saure Sahne, 1 Prise Pfeffer und Petersilie verquirlen. 2 EL Butter in einer Pfanne zerlassen, den Lauch darin 5 Min. bei schwacher Hitze garen. Die Nudeln abtropfen lassen, mit Lauch und Schinken unter die Eiersahne rühren. Mit Salz, Pfeffer und Muskat würzen.

Alles in die gebutterte Form umfüllen, Semmelbrösel und die restliche Butter in Flöckchen darauf verteilen. Im Ofen (Mitte, Umluft 180°) 30 Min. backen.

Zutaten für 4 Personen:

Salz · 300 g kurze Makkaroni
500 g Lauch
200 g gekochter Schinken
1 Bund Petersilie · 4 Eier
250 g saure Sahne · Pfeffer
4 EL Butter (+ Butter für die Form)
frisch geriebene Muskatnuß
40 g Semmelbrösel
Und: 1 feuerfeste Form

Zubereitungszeit: etwa 35 Min. (+ 30 Min. Backzeit)
Pro Portion etwa:
2900 kJ / 690 kcal
32 g EW / 34 g F / 67 g KH

Preiswert

Überbackene Nudelnester

Zutaten für 4 Personen:
Salz
300 g grüne Bandnudeln
2 EL Butter (+ Butter für die Form)
1 EL Mehl
300 ml Fischfond (aus dem Glas)
weißer Pfeffer
600 g feste Tomaten
1 Bund Dill
16 kleine oder 8 große rohe Garnelen
125 g Mozzarella
Und: 1 breite feuerfeste Form

Zubereitungszeit: etwa 45 Min. (+ 20 Min. Backzeit)
Pro Portion etwa:
2000 kJ / 480 kcal
27 g EW / 15 g F / 60 g KH

Für Gäste

Reichlich Salzwasser aufkochen lassen. Die Nudeln darin nach Packungsanleitung bißfest kochen, in einem Sieb gut abtropfen lassen.

Inzwischen die Butter in einem Topf schmelzen lassen. Das Mehl darin goldgelb anschwitzen, den Fond unterrühren. Mit Salz und Pfeffer würzen, bei schwacher Hitze in 15 Min. offen leicht dicklich einköcheln lassen.

Den Backofen auf 225° vorheizen. Die Tomaten überbrühen, häuten, entkernen und würfeln, dabei die Stielansätze entfernen.

Den Dill waschen und hacken, unter die Sauce rühren und diese mit Salz und Pfeffer abschmecken.

Die Nudeln in die gebutterte Form geben, dabei mit einer Gabel zu 8 kleinen Nestern formen. Jeweils je nach Größe 1 oder 2 Garnelen in die Nester geben. Die Dillsauce darüber träufeln, die Tomaten darauf streuen.

Den Mozzarella klein würfeln und darauf streuen. Die Nudeln im Ofen (Mitte, Umluft 200°) 20 Min. überbacken.

Der Tip vom Profi

Verwenden Sie für den Auflauf unbedingt rohe Garnelen, die dann beim Überbacken garen. Sie bekommen sie im Fischgeschäft oder tiefgekühlt in großen Supermärkten. Bereits gegarte Meeresfrüchte trocknen im Ofen leicht aus. Die einfachste Art, Garnelen zu schälen: Den Kopf mit leichter Drehbewegung aus der Schale ziehen, Schale auf der Bauchseite aufschneiden und Fleisch auslösen. Den dunklen Darm ziehen Sie am besten mit einer Pinzette aus dem Fleisch. Garnelenrücken dazu eventuell vorher einschneiden.

Zutaten für 4 Personen:

600 g Strauchtomaten
4 TL kaltgepreßtes Olivenöl (+ Öl für die Form)
1 Knoblauchzehe
1 TL frischer Thymian
Meersalz
schwarzer Pfeffer
250 g Vollkorn-Hörnchennudeln
250 g Broccoliröschen
500 g Auberginen
100 g Schafkäse
50 g frisch geriebener Parmesan
Und: 1 feuerfeste Form

Zubereitungszeit: etwa 40 Min. (+ 40 Min. Backzeit)
Pro Portion etwa:
1800 kJ / 430 kcal
23 g EW / 15 g F / 50 g KH

Vollwertig

Griechischer Pastitsio

Die Tomaten waschen, würfeln und ohne die Stielansätze im Mixer grob pürieren. 2 TL Öl in einem Topf bei mittlerer Hitze heiß werden lassen. Den Knoblauch hacken und im Öl andünsten. Die Tomaten, den Thymian, Salz und Pfeffer unterrühren. Die Sauce zugedeckt bei schwacher Hitze 10 Min. köcheln lassen; dann bei mittlerer Hitze 5 Min. offen einkochen lassen.

Inzwischen den Backofen auf 180° vorheizen. In zwei Töpfen jeweils reichlich Salzwasser aufkochen lassen. Die Nudeln darin nach Packungsanleitung bißfest kochen und abgießen. Mit der Tomatensauce vermischen. Im zweiten Topf die Broccoliröschen 5 Min. blanchieren, eiskalt abschrecken und gut abtropfen lassen.

Die Auberginen waschen, putzen und in Scheiben schneiden. Eine Pfanne, am besten eine Grillpfanne, mit Olivenöl bepinseln und erhitzen. Die Auberginenscheiben bei mittlerer Hitze auf jeder Seite 2–3 Min. bräunen.

Die Hälfte der Auberginenscheiben in die mit Öl ausgepinselte Form legen, salzen und pfeffern. Darauf jeweils die Hälfte der Nudeln, des Schafkäses und des Parmesans geben. Darauf den Broccoli und die restlichen Auberginenscheiben verteilen. Salzen und pfeffern. Darauf die restlichen Nudeln schichten, glattstreichen und mit dem restlichen Käse bedecken.

Den Auflauf in den Backofen (Mitte, Umluft 160°) schieben und in 40 Min. goldgelb überbacken, eventuell nach 20–30 Min. mit Pergamentpapier abdecken, falls er zu dunkel wird.

Tip: Mit gemischten Blattsalaten wird das Nudelgericht vollwertig ergänzt. Gut schmeckt dazu auch ein griechischer Sommersalat aus Blattsalaten, Salatgurke, roter Paprikaschote und schwarzen Oliven.

Zutaten für 4 Personen:

Meersalz
700 g grüner Spargel
250 g Blumenkohl
250 g Weizenkeim-Spiralnudeln
2 TL Zitronensaft
2 Frühlingszwiebeln
schwarzer Pfeffer
1 Prise Muskatblüte
3 Eigelb · 50 g Sahne
50 ml Milch
2 EL frisch geriebener Parmesan
2 EL Grahambrösel
3 EL frisch gehackte Petersilie
Und: 1 feuerfeste Form
Olivenöl für die Form

Zubereitungszeit: etwa 35 Min. (+ 15 Min. Backzeit)
Pro Portion etwa: 1700 kJ / 400 kcal
20 g EW / 15 g F / 48 g KH

Vollwertig

Spiralnudeln mit Spargel

In drei Töpfen reichlich Salzwasser aufkochen lassen. Den Backofen auf 180° vorheizen.

Das Gemüse waschen und putzen. Den Spargel im unteren Drittel dünn schälen und in etwa 2 cm große Stücke schneiden. Den Blumenkohl in Röschen teilen. Die Nudeln nach Packungsanleitung im sprudelnden Salzwasser bißfest kochen. Den Spargel im zweiten Topf mit dem Zitronensaft 6 Min., den Blumenkohl im dritten Topf 4–6 Min. garen.

Inzwischen die Frühlingszwiebeln waschen, putzen, längs halbieren und in kleine Streifen schneiden.

Die Nudeln, den Spargel und den Blumenkohl abgießen, abtropfen lassen und alles mit den Frühlingszwiebeln mischen. Mit Salz, Pfeffer und Muskatblüte würzen.

Die Eigelbe, die Sahne und die Milch verrühren, mit Salz und Pfeffer würzen und mit den Nudeln und dem Gemüse vermischen. Alles in die mit Öl ausgepinselte Form geben. Mit dem Parmesan, den Bröseln und der Petersilie bestreuen. Alles im Ofen (Mitte, Umluft 150°) 15 Min. gratinieren.

Tip: Das Gratin gelingt auch sehr gut, wenn Sie statt Blumenkohl Romanesco oder Broccoli, statt grünem Spargel weißen verwenden.

Servieren Sie zu dem vollwertigen Gericht einen badischen Weißwein.

Lasagne al forno

Zutaten für 4–6 Personen:

100 g durchwachsener Räucherspeck
1 Zwiebel
2 Knoblauchzehen
2 Bund Suppengemüse
2 EL Olivenöl
300 g gehacktes Rindfleisch
1 große Dose geschälte Tomaten (800 g Inhalt)
Salz
schwarzer Pfeffer
je 1/2 TL frischer Thymian und Oregano
5 EL Butter (+ Butter für die Form)
3 EL Mehl
600 ml Milch
frisch geriebene Muskatnuß
250 g Mozzarella
350 g Lasagneblätter (ohne Vorkochen)
60 g frisch geriebener Parmesan
Und: 1 rechteckige, feuerfeste Form

Zubereitungszeit: etwa 1 Std. (+ 30 Min. Backzeit)
Bei 6 Personen pro Portion etwa: 3350 kJ / 800 kcal
39 g EW / 46 g F / 57 g KH

Aus Italien

Zur klassischen Lasagne paßt ein italienischer Rotwein, z. B. Valpolicella, Bardolino oder Montepulciano d'Abruzzo.

Vom Speck die Schwarte abschneiden. Speck sehr klein würfeln. Zwiebel und Knoblauch fein hacken. Suppengemüse waschen, putzen und ebenfalls sehr klein schneiden.

Olivenöl erhitzen, bei mittlerer Hitze die Speckwürfel darin 1 Min. anbraten. Die Zwiebel, den Knoblauch und das Suppengemüse dazugeben. Dann das Hackfleisch unterrühren und hellbraun anbraten. Die Tomaten mit Saft zugeben und offen bei schwacher Hitze 45 Min. köcheln lassen, ab und zu umrühren. Eventuell Wasser angießen.

Nach 30 Min. die Hackfleischsauce mit wenig Salz, Pfeffer, dem Thymian und dem Oregano würzen. Den Backofen auf 200° vorheizen.

Für die Béchamelsauce in einem Topf knapp die Hälfte der Butter bei mittlerer Hitze erhitzen, das Mehl einrühren und aufschäumen lassen. Den Topf vom Herd ziehen, kurz abkühlen lassen, dann die Milch einrühren und zurück auf den Herd stellen, unter ständigem Rühren aufkochen und 2–4 Min. köcheln lassen. Die Sauce vom Herd nehmen, mit Salz, Pfeffer und 1 Prise Muskat abschmecken.

Den Mozzarella in Scheiben schneiden. Die gebutterte Form mit etwas Béchamelsauce ausstreichen. Darauf lagenweise Nudelblätter, 4–5 EL Hackfleischsauce, 4–5 EL Béchamelsauce, Mozzarellascheiben und etwas Parmesan schichten, bis alles verbraucht ist. Die letzte Schicht soll aus Hackfleischsauce, Béchamelsauce und Käse bestehen. Die restliche Butter in kleinen Flöckchen darauf verteilen.

Die Lasagne im Ofen (Mitte, Umluft 180°) 30 Min. überbacken, bis die Oberfläche schön gebräunt ist.

Tip: Besonders aromatisch schmeckt die Lasagne, wenn Sie Mozzarella aus Büffelmilch verwenden. Kuhmilch-Mozzarella kostet zwar weniger, schmeckt jedoch auch manchmal fad.

Variante:
Vegetarische Lasagne

Für eine fleischlose Tomatensauce nehmen Sie statt Hackfleisch 300 g Egerlinge. Die Pilze putzen, fein hacken und mit dem Gemüse anbraten. 2 Eier hart kochen, abkühlen lassen und fein hacken. Die gehackten Eier zusätzlich über die Saucenlagen streuen.

Für die Hackfleischsauce Speck-, Gemüsewürfel und Hackfleisch unter Rühren anbräunen.

Für die Béchamelsauce das Mehl in heißer Butter nur aufschäumen, nicht bräunen lassen.

Abwechselnd Nudelblätter, Hackfleischsauce, Béchamelsauce und Käse in die Auflaufform schichten.

Zutaten für 4 Personen:

1 Zwiebel
1 Knoblauchzehe
750 g Tomaten
2 junge Möhren
1 Stange Staudensellerie
250 g Mozzarella
600 g Shiitakepilze
5 EL Olivenöl (+ Öl für die Form)
1 TL frischer Thymian
1 TL Tomatenmark
Salz
schwarzer Pfeffer
350 g grüne Lasagneblätter (ohne Vorkochen)
100 g frisch geriebener Parmesan
Und: 1 feuerfeste Form

Zubereitungszeit: etwa 1 Std. (+ 30 Min. Backzeit)
Pro Portion etwa: 3100 kJ / 740 kcal
35 g EW / 30 g F / 72 g KH

Vegetarisch

Lasagne mit Shiitakepilzen

Zwiebel und Knoblauch hacken. Die Gemüse waschen und putzen. Die Tomaten ohne die Stielansätze grob pürieren. Die Möhren, den Sellerie und den Mozzarella würfeln. Die Pilze entstielen, die Hüte in dünne Scheiben schneiden.

In einer Pfanne bei mittlerer Hitze 3 EL Öl erhitzen. Die Zwiebel, den Knoblauch, die Möhre und den Sellerie darin kurz andünsten. Die Pilze 5 Min. mitdünsten. Die Tomaten, den Thymian, das Tomatenmark, Salz und Pfeffer weitere 8 Min. mitgaren. Die Pilz-Gemüsemischung kurz einköcheln lassen.

Inzwischen reichlich Salzwasser mit 2 TL Öl aufkochen lassen. Die Lasagneblätter darin entgegen der Packungsanleitung 10–15 Min. vorgaren. Sie werden sonst nicht weich, da die Lasagne nur 30 Min. überbacken wird.

Den Backofen auf 200° vorheizen. In die mit Öl ausgepinselte Form lagenweise Nudelblätter, etwas Pilzsauce, Mozzarella und Parmesan schichten, bis alles verbraucht ist. Die letzte Schicht soll aus Pilzsauce, Mozzarella und Parmesan bestehen. Das restliche Öl darüber träufeln. Die Lasagne im Ofen (Mitte, Umluft 180°) 30 Min. überbacken.

Tip: Für eine Béchamelsauce 1/4 l Milch aufkochen lassen. 30 g Dinkelmehl mit 6 EL Wasser verrühren und in die Milch einrühren, mit Salz, Pfeffer und Muskat würzen. Die Sauce 5 Min. garen und die Lasagne mit Shiitakepilzen damit bedecken.

Zutaten für 4 Personen:

Salz
250 g Cannelloni
600 g frischer Blattspinat
150 g durchwachsener Speck
1 Zwiebel
3 EL Butter (+ Butter für die Form)
100 g Crème fraîche
weißer Pfeffer
50 g Pinienkerne
gut 2 EL Mehl · 1/2 l Milch
frisch geriebene Muskatnuß
100 g frisch geriebener Parmesan
Und: 1 flache, feuerfeste Form

Zubereitungszeit: etwa 45 Min. (+ 30 Min. Backzeit)
Pro Portion etwa:
4000 kJ / 950 kcal
31 g EW / 64 g F / 60 g KH

Für Gäste

Cannelloni mit Spinat

Reichlich Salzwasser aufkochen lassen. Die Cannelloni nach Packungsanleitung vorkochen, unter kaltem Wasser abkühlen und gut abtropfen lassen.

Den Spinat putzen, gründlich waschen und nicht zu gründlich abtropfen lassen. Vom Speck die Schwarte abschneiden. Speck in sehr kleine Würfel schneiden. Die Zwiebel würfeln. 1 EL Butter bei mittlerer Hitze erhitzen, Zwiebelwürfel darin glasig dünsten, den Speck einrühren und 3 Min. mitbraten. Den noch feuchten Spinat dazugeben, Crème fraîche einrühren, salzen und pfeffern.

In einer Pfanne bei mittlerer Hitze die Pinienkerne ohne Fett hellbraun rösten und zum Spinat geben.

Mit einem Teelöffel jeweils die Spinatmasse in die Cannelloni füllen, die Nudelrollen in die gebutterte Form legen.

Den Backofen auf 200° vorheizen. In einem großen Topf bei mittlerer Hitze die restliche Butter und Mehl aufschäumen lassen, Milch einrühren, aufkochen lassen und unter Rühren 3 Min. köcheln lassen. Die Béchamelsauce mit Salz, Pfeffer und Muskat würzen. Über die Nudeln gießen, mit Käse bestreuen. Im Ofen (Mitte, Umluft 180°) 30 Min. überbacken, bis der Käse leicht gebräunt ist.

Tip: Die Cannelloni können Sie auch aus selbstgemachtem Nudelteig mit Ei herstellen (Rezept Seite 19). Nach der Ruhezeit den Teig dünn ausrollen, in etwa 10 cm große Quadrate schneiden. Nudeln in sprudelndem Salzwasser 3–5 Min. kochen, abgießen. Spinatmasse auf die Quadrate geben und aufrollen.

Dazu paßt ein trockener italienischer Rotwein, zum Beispiel ein Valpolicella (Classico superior) aus Venezien.

Zutaten für 4 Personen:

1 Zwiebel
2 EL Butterschmalz
150 g Räucherspeck
500 g Sauerkraut
200 ml Rinderbrühe
1 Kartoffel
1 Apfel
Salz
250 g Cannelloni
250 g magerer Frischkäse oder Quark
Pfeffer
1 Prise Paprikapulver (edelsüß)
100 g Sahne
30 g frisch geriebener Parmesan
80 g frisch geriebener Greyerzer
1 EL frisch gehackte Petersilie
Butter für die Form
Und: 1 breite, etwa 5 cm hohe feuerfeste Form

Zubereitungszeit: etwa 1 Std. (+ 35 Min. Backzeit)
Pro Portion etwa: 3800 kJ / 900 kcal
30 g EW / 60 g F / 62 g KH

Gelingt leicht

Krautrollen

Die Zwiebel hacken und im Butterschmalz glasig werden lassen. Den Speck sehr klein würfeln und kurz mitdünsten. Das Sauerkraut mit einer Gabel auflockern, dazugeben und mit der Brühe begießen. Die Kartoffel und den Apfel schälen, kleinschneiden und unter das Kraut mischen. Alles je nach Frische des Sauerkrauts 35–45 Min. bei schwacher Hitze zugedeckt garen.

Inzwischen reichlich Salzwasser aufkochen lassen. Die Cannelloni darin nach Packungsanleitung vorkochen, unter kaltem Wasser abkühlen, gut abtropfen lassen und quer halbieren. Den Backofen auf 220° vorheizen.

Das Sauerkraut abgießen, gut ausdrücken und abkühlen lassen. Mit dem Frischkäse oder Quark mischen und mit Salz, Pfeffer und Paprikapulver abschmecken.

Mit einem Teelöffel jeweils etwas Füllung in die halbierten Cannelloni geben und diese senkrecht in die gebutterte Form stellen. Die Sahne mit dem Parmesan mischen und sorgfältig zwischen die Nudelrollen gießen.

Die Form locker mit Alufolie abdecken, die Krautrollen im Ofen (Mitte, Umluft 200°) 20 Min. garen. Dann die Alufolie entfernen, den Greyerzer über das Gericht streuen und dieses weitere 15 Min. überbacken. Die Krautrollen mit Petersilie bestreut servieren.

Zu den Krautrollen schmeckt ein kühles Bier.

Älplermakkaroni

Zutaten für 4 Personen:

350 g Bergkäse (Alpkäse) oder Greyerzer
Salz
350 g Makkaroni
2 große Zwiebeln
3 EL Butterschmalz
350 g Sahne
200 ml Milch
schwarzer Pfeffer
Und: 1 feuerfeste Form
Butter für die Form

Zubereitungszeit: etwa 35 Min.
Pro Portion etwa:
4000 kJ / 950 kcal
41 g EW / 58 g F / 69 g KH

Gelingt leicht

Den Käse reiben. Reichlich Salzwasser aufkochen lassen. Die Nudeln darin nach Packungsanleitung bißfest kochen und abgießen.

Inzwischen den Backofen auf 220° vorheizen. Die Zwiebeln halbieren, in feine Scheiben schneiden und bei mittlerer Hitze im Butterschmalz goldgelb braten. Die Sahne und die Milch verrühren, in einem Topf aufkochen lassen. 150 g Käse einrühren. Bei schwacher Hitze umrühren, bis der Käse geschmolzen ist. Den Topf vom Herd ziehen.

Die heißen Nudeln mit 100 g Käse mischen, mit Salz und Pfeffer würzen. In die gebutterte Form geben, mit der Käsesauce begießen und mit dem restlichen Käse bestreuen. Die gebratenen Zwiebeln darüber verteilen und das Gericht im Ofen (Mitte, Umluft 200°) 6–8 Min. erhitzen, bis der Käse schmilzt. Es soll keine Kruste entstehen.

Info: In den Schweizer Kantonen Ob- und Nidwalden mischt man noch 3 große, mit Schale gekochte, geschälte und gewürfelte Kartoffeln unter die Älplermakkaroni.

Das besondere Rezept

Die Älplermakkaroni sind das Lieblingsgericht vieler Schweizer. Kein Wunder, denn sie schmecken himmlisch, kosten nicht die Welt und sind problemlos zubereitet. Damit die traditionelle Nudelspezialität der Schweizer Senner auch Ihr Lieblingsgericht wird, sollten Sie dafür einen Original Schweizer Bergkäse (Alpkäse) verwenden oder einen anderen Hartkäse, der sich gut auflöst und keine Fäden zieht. Emmentaler ist dafür ungeeignet.

Zutaten für 4 Personen:
Für den Teig:
60 g Walnußkerne
125 g mehlfein gemahlener Dinkel
100 g mehlfein gemahlener Buchweizen
1 TL Meersalz · 2 Eier
1 EL kaltgepreßtes Olivenöl
Außerdem:
1 rote Zwiebel
1 Knoblauchzehe
1 gelbe Paprikaschote
200 g Tomaten · 200 g Mangold
1 Stange Staudensellerie
1 EL kaltgepreßtes Olivenöl (+ Öl für die Form)
2 EL frisch gehackte Petersilie
frisch geriebene Muskatnuß
schwarzer Pfeffer
125 g Mozzarella
50 g Provolone
Und: 1 feuerfeste Form

Zubereitungszeit: 1 3/4 Std. (+ 15 Min. Backzeit)
Pro Portion etwa: 2200 kJ / 520 kcal
23 g EW / 27 g F / 47 g KH

Vollwertig

Gratinierte Nußspätzle mit Mangold

Die Nüsse sehr fein zerstoßen und mit dem Dinkel, dem Buchweizen, dem Salz, den Eiern, 1/8 l lauwarmem Wasser und dem Öl zu einem zähen Spätzleteig verarbeiten. Den Teig mit einem feuchten Tuch bedecken, 30 Min. ruhen lassen.

Inzwischen reichlich Salzwasser aufkochen lassen. Zwiebel und Knoblauch hacken. Die Gemüse waschen und putzen. Die Paprikaschote würfeln, die Tomaten ohne Stielansätze würfeln. Die Mangoldblätter in kurze, schmale Streifen, die Stiele und den Staudensellerie in kleine Stücke schneiden. Die Mangoldstiele im Salzwasser 3 Min. garen, mit einem Schaumlöffel herausnehmen.

In einer Pfanne das Öl erhitzen. Zwiebel, Knoblauch, Staudensellerie und Paprikaschote darin 1 Min. bei mittlerer Hitze dünsten. Dann die Mangoldblätter, die Stiele und die Tomaten 2 Min. mitdünsten. Mit der Petersilie, 1 Prise Muskat, Salz und Pfeffer kräftig würzen.

Den Backofen auf 220° vorheizen. Den Mozzarella würfeln, den Provolone in Scheiben schneiden. Den Spätzleteig auf ein Holzbrett streichen, portionsweise ins sprudelnde Wasser schaben (siehe Seite 26). Spätzle mit dem Schaumlöffel herausnehmen, sobald sie oben schwimmen. Mit der Mangoldmasse und der Hälfte des Käses in die mit Öl bepinselte Form geben, den restlichen Käse darüber verteilen. Im Backofen (Mitte, Umluft 200°) 15 Min. backen.

Tip: Die Spätzle ohne Nüsse herstellen. Mit dem Gemüse, 60 g Pinienkernen und 80 g Schafkäsewürfeln backen.

Zutaten für 4 Personen:

	Meersalz
250 g	**Soja-Makkaroni**
1	**Zwiebel**
1	**Knoblauchzehe**
1	**kleine Fenchelknolle**
200 g	**Champignons**
400 g	**reife Strauchtomaten**
100 g	**Möhren**
300 g	**ausgelöste Erbsen (etwa 600 g Erbsenschoten)**
3 1/2 EL	**kaltgepreßtes Olivenöl (+ Öl für die Form)**
2 EL	**frisch gehackte Petersilie**
2 TL	**frisch gehacktes Rosmarin**
	schwarzer Pfeffer
3/8 l	**Milch**
50 g	**Dinkelmehl**
	frisch geriebene Muskatnuß
2	**Eier**
5 EL	**frisch geriebener Parmesan**
	Und: 1 feuerfeste Form

Zubereitungszeit: etwa 1 1/4 Std. (+ 40 Min. Backzeit)
Pro Portion etwa:
3100 kJ / 740 kcal
42 g EW / 21 g F / 96 g KH

Vollwertig

Vegetarischer Nudelauflauf

Reichlich Salzwasser aufkochen lassen. Die Nudeln darin nach Packungsanleitung bißfest kochen, abgießen, unter kaltem Wasser abkühlen und abtropfen lassen.

Inzwischen Zwiebel und Knoblauch hacken. Die Gemüse waschen und putzen. Den Fenchel vom Strunk befreien, dabei grobe Fasern abziehen. Fenchel und Champignons kleinschneiden. Die Tomaten kleinwürfeln und ohne die Stielansätze grob pürieren. Die Möhren grob raspeln.

Bei mittlerer Hitze in einem Topf 1 EL Öl erhitzen. Zwiebel und Knoblauch darin 1 Min. andünsten. Die Fenchelwürfel, die Erbsen, die Champignons und die Möhrenraspel dazugeben und 2 Min. mit andünsten. Dann die Tomaten und die Kräuter unterrühren. Alles kräftig salzen und pfeffern, 10 Min. zugedeckt bei mittlerer Hitze garen.

Den Backofen auf 200° vorheizen. Die Milch aufkochen lassen. Das Dinkelmehl mit 5–6 EL Wasser anrühren und in die Milch einrühren. Mit Salz, Pfeffer und 1 Prise Muskat würzen und unter Rühren 5 Min. garen. Die Béchamelsauce vom Herd ziehen. Die Eier verquirlen und unter die Sauce rühren.

Die mit Öl ausgepinselte Form mit etwas Béchamelsauce ausstreichen. Darauf die Hälfte der Makkaroni geben, mit 2 EL Parmesan bestreuen. Darauf die Gemüsemischung und die restlichen Nudeln schichten. Die restliche Béchamelsauce mit 2 EL Parmesan vermischen und über den Auflauf gießen. Mit dem übrigen Parmesan bestreuen und dem restlichen Öl beträufeln. Im Backofen (Mitte, Umluft 180°) etwa 40 Min. backen.

Variante:

Nudelauflauf mit Zucchini und Auberginen

Probieren Sie den Auflauf mit anderen Gemüsesorten. Statt der Fenchelknolle und der Erbsen 200 g Zucchini und 200 g Auberginen andünsten. Nehmen Sie statt 200 g Champignons nur 100 g.

Zutaten für 4 Personen:

2 Tomaten
500 g Broccoli
2 Knoblauchzehen
350 g Hähnchenbrustfilet
Salz
1 EL Butter (+ Butter für die Form)
2 EL Olivenöl
200 g Schmetterlingsnudeln
4 Eier
450 ml Milch
Pfeffer
50 g frisch geriebener Greyerzer
Und: 1 feuerfeste Form

Zubereitungszeit: etwa 35 Min. (+ 40 Min Backzeit)
Pro Portion etwa:
2400 / 570 kcal
46 g EW / 24 g F / 46 g KH

Gelingt leicht

Nudelauflauf mit Hähnchen und Broccoli

Die Tomaten überbrühen, häuten, entkernen und würfeln, dabei die Stielansätze entfernen. Den Broccoli waschen und in Röschen teilen, die zarten Stiele in Scheiben schneiden. Den Knoblauch hacken.

Die Hähnchenbrust schnetzeln, salzen und in der Butter 2–3 Min. leicht anbraten. Aus der Pfanne nehmen.

Das Olivenöl in der Pfanne erhitzen. Den Broccoli, die Tomaten und den Knoblauch unter Rühren in 10 Min. bißfest dünsten. Den Backofen auf 220° vorheizen.

Inzwischen reichlich Salzwasser aufkochen lassen. Die Nudeln darin nach Packungsanleitung bißfest kochen, abgießen, mit dem Hähnchenfleisch und dem Gemüse mischen und in die gebutterte Form geben. Die Eier mit der Milch verrühren, mit Salz und Pfeffer abschmecken. Die Gemüse-Nudelmischung damit begießen.

Die Form locker mit Alufolie abdecken, im Ofen (Mitte, Umluft 200°) 25–30 Min. garen. Dann die Alufolie entfernen, den Käse über den Auflauf streuen und diesen weitere 10 Min. im Ofen backen, bis der Käse geschmolzen ist. Es soll keine Kruste entstehen.

Tip: Der Greyerzer, der in Frankreich Gruyère, in Italien Gruviera heißt, verleiht dem Nudelauflauf feine Würze. Mit zunehmenden Alter schmeckt der Käse, der original aus Rohmilch gemacht wird, intensiver. Zerkleinerter Greyerzer verliert schnell an Geschmack, reiben Sie also nur soviel, wie Sie sofort verbrauchen.

Nudelgratin mit Tomaten und Zucchini

Zutaten für 4 Personen:

750 g reife Fleischtomaten
1 mittelgroße Zwiebel
4 EL Olivenöl (+ Öl für die Form)
Salz
Pfeffer
1/2 TL Zucker
300 g Penne (schräg abgeschnittene Nudelröhrchen)
400 g Zucchini
30 g Sardellenfilets
2 Knoblauchzehen
4 EL frisch gehackte gemischte Kräuter (z. B. Oregano, Thymian, Rosmarin)
50 g frisch geriebener Greyerzer
30 g frisch geriebener Parmesan
Und: 1 feuerfeste Form

Zubereitungszeit: etwa 1 Std. (+ 25 Min. Backzeit)
Pro Portion etwa:
2100 kJ / 500 kcal
23 g EW / 20 g F / 64 g KH

Preiswert

Die Tomaten kurz überbrühen, häuten, entkernen und ohne die Stielansätze kleinschneiden. Die Zwiebel hacken und in 1 EL Olivenöl andünsten. Die Tomaten hinzufügen und zugedeckt bei schwacher Hitze etwa 45 Min. schmoren lassen. Mit Salz, Pfeffer und dem Zucker abschmecken.

Inzwischen reichlich Salzwasser aufkochen lassen. Die Nudeln darin nach Packungsanleitung bißfest kochen, abgießen und 1/2–1 Min. unter kaltem Wasser abkühlen lassen. Den Backofen auf 220° vorheizen.

Die Zucchini waschen, putzen und in etwa 1 cm große Würfel schneiden. Die Sardellenfilets kleinschneiden. Den Knoblauch hacken.

Die Zucchiniwürfel im restlichen Olivenöl 10 Min. bei mittlerer Hitze leicht anbraten. Sardellen, Knoblauch und die Kräuter kurz mitbraten. Alles mit der fertigen Tomatensauce mischen.

Die Hälfte der Nudeln in die mit Öl bepinselte Form geben, zwei Drittel der Gemüsesauce darüber geben. Die restlichen Nudeln darauf schichten, die restliche Gemüsesauce darüber verteilen. Das Gratin im Ofen (Mitte, Umluft 200°) 15 Min. backen. Dann mit dem Käse bestreuen und 10 Min. weiterbacken.

Zutaten für 4 Personen:

2 Schalotten
1 Knoblauchzehe
400 g grüner Spargel
150 g Champignons
Meersalz
1 TL Zitronensaft
3 Artischocken
300 g Vollkorn-Rigatoni (gerillte Nudelröhrchen)
1 TL frischer Thymian
1 EL kaltgepreßtes Olivenöl (+ Öl für die Form)
schwarzer Pfeffer
1/4 l Milch
30 g mehlfein gemahlener Dinkel
frisch geriebene Muskatnuß
80 g frisch geriebener Parmesan
Und: 1 feuerfeste Form

Zubereitungszeit: etwa 45 Min.
(+ 50 Min. Backzeit)
Pro Portion etwa:
2000 kJ / 480 kcal
26 g EW / 13 g F / 60 g KH

Vollwertig

Gratinierte Rigatoni mit Spargel und Artischocken

Schalotten und Knoblauch hacken. Das Gemüse und die Pilze waschen und putzen. Die Spargelstangen im unteren Drittel dünn schälen und in etwa 3 cm lange Stücke schneiden, die Pilze in Scheiben schneiden.

Reichlich Salzwasser für die Nudeln aufkochen lassen. 1 l Wasser mit dem Zitronensaft mischen. Die Artischocken von Stielen, Blättern und »Heu« befreien, die Artischockenböden achteln und kurz in das Zitronenwasser legen.

Den Backofen auf 180° vorheizen. Die Nudeln im sprudelnden Salzwasser nach Packungsanleitung bißfest kochen, abgießen und abtropfen lassen.

Inzwischen die Schalotten, den Knoblauch, den Thymian, den Spargel und die Artischockenböden in dem Öl bei mittlerer Hitze 1 Min. dünsten, mit 1/4 l Nudelwasser aufgießen und zugedeckt 6 Min. garen, die Pilze nach 2 Min. hinzufügen, salzen und pfeffern.

In einem Topf die Milch aufkochen lassen. Das Dinkelmehl mit etwas Wasser vermischen, unterrühren, mit Salz, Pfeffer und Muskat würzen und 5 Min. bei schwacher Hitze garen, immer wieder umrühren. Etwa zwei Drittel vom Käse unterrühren.

Gemüse und Nudeln mischen, mit der Dinkelsauce in die mit Öl bepinselte Form geben. Mit dem restlichen Parmesan bestreuen. Im Ofen (Mitte, Umluft 150°) etwa 50 Min. backen.

Zutaten für 4 Personen:

3 EL Butter (+ Butter für die Form)
3 EL Mehl · 1/2 l Hühnerbrühe
100 g frisch geriebener Greyerzer
Salz
schwarzer Pfeffer
400 g große Champignons
300 g Hähnchenbrustfilet
1 Bund Schnittlauch
200 g Lasagneblätter (ohne Vorkochen)
Und: 1 rechteckige, feuerfeste Form

Zubereitungszeit: etwa 45 Min. (+ 20 Min. Backzeit)
Pro Portion etwa:
2100 kJ / 500 kcal
35 g EW / 21 g F / 42 g KH

Gelingt leicht

Hähnchenlasagne

2 EL Butter in einem Topf aufschäumen lassen, das Mehl darin goldgelb anschwitzen. Brühe unterrühren, den Käse darin schmelzen lassen. Salzen und pfeffern, unter Rühren bei schwacher Hitze 10 Min. köcheln lassen.

Backofen auf 225° vorheizen. Champignons putzen und in dicke Scheiben schneiden. Hähnchenbrust fein schnetzeln. Restliche Butter in einer Pfanne erhitzen, das Fleisch darin rundherum kurz anbraten. Pilze kurz mitbraten, salzen und pfeffern, vom Herd nehmen.

Den Schnittlauch waschen und in Röllchen schneiden, 1 EL davon beiseite legen, restlichen Schnittlauch unter die Käsesauce rühren. Die gebutterte Form mit etwas Käsesauce ausstreichen. Darauf lagenweise Nudelblätter, Hähnchenmischung, Käsesauce schichten, bis alles verbraucht ist. Die letzte Schicht soll aus Käsesauce bestehen. Die Lasagne im Ofen (Mitte, Umluft 200°) 20 Min. überbacken, mit den Schnittlauchröllchen bestreuen.

Elsässer Nudelgratin

Die Fischfilets salzen, pfeffern und mit der glänzenden Seite nach innen falten. Die Tomate kurz überbrühen, häuten, entkernen und ohne den Stielansatz würfeln.

Die Schalotten hacken und in 40 g Butter 2–3 Min. bei mittlerer Hitze dünsten. Das Mehl zugeben, unter Rühren 2 Min. anschwitzen und mit dem Riesling ablöschen. Die Sahne hinzufügen und 5 Min. kochen. Das Eigelb in einer Schüssel verrühren, die Rieslingsauce dazugießen. Mit Salz und Pfeffer abschmecken.

Inzwischen reichlich Salzwasser aufkochen lassen. Die Nudeln darin nach Packungsanleitung bißfest kochen, abgießen und in die gebutterte Form geben. Den Backofen auf 220° vorheizen.

Die Fischfilets in der restlichen Butter bei mittlerer Hitze auf jeder Seite 2 Min. leicht anbraten. Die Filets auf die Nudeln legen, mit der Sauce begießen, mit Tomatenwürfeln und Käse bestreuen und im Ofen (Mitte, Umluft 220°) 12 Min. gratinieren.

Zutaten für 4 Personen:

8 kleine Seezungenfilets (je 50 g)
1 Fleischtomate
Salz · weißer Pfeffer
2 Schalotten
80 g Butter (+ Butter für die Form)
knapp 3 EL Mehl
200 ml Riesling (ersatzweise Fischfond aus dem Glas)
150 g Sahne · 1 frisches Eigelb
250 g schmale Bandnudeln
3 EL frisch geriebener Greyerzer
Und: 1 feuerfeste Form

Zubereitungszeit: etwa 45 Min.
Pro Portion etwa:
2900 kJ / 690 kcal
31 g EW / 36 g F / 53 g KH

Für Gäste

Tip: Sie können das Gratin auch mit preiswerterem Fisch, z. B. Rotbarsch, zubereiten.

Rezept- und Sachregister

KÜCHENDOLMETSCHER

Deutschland	Österreich	Schweiz
Aubergine	Melanzane	Aubergine
Blumenkohl	Karfiol	Blumenkohl
Brötchen	Semmeln	Brödli
Brühe	Bouillon	Bouillon
Butterschmalz	Butterschmalz	eingesottene Butter, Bratbutter
Chilischoten	Pfefferoni	Gewürzpaprika
Dicke Bohnen	Saubohnen	Puffbohnen
Eigelb	Eidotter	Eigelb
Eiweiß	Eiklar	Eiweiß
Frühlingszwiebel	Frühlingszwiebel	Stengelzwiebel
Garnelen	Garnelen	Crevetten
Grüne Bohnen	Fisolen	Grüne Bohnen
Hackfleisch	Faschiertes	Hackfleisch
Kartoffeln	Erdäpfel	Kartoffeln
Lauch, Porree	Porree	Lauch
Mangold	Mangold	Krautstiel
Möhren	Karotten	Rüebli
Paprikaschoten	Paprika	Peperoni
Pilze	Schwammerln	Pilze
Quark	Topfen	Quark
Radicchio	Radicchio	Cicorino
Rote Bete	Rote Rüben	Rande
Sahne, saure	Rahm	saurer Rahm
Sahne, süße	Obers	Rahm, Nidel
Salatgurke	Salatgurke	Hausgurke
Seezunge	Seezunge	Sole
Staudensellerie	Staudensellerie	Stangensellerie
Suppengrün	Wurzelwerk	Suppengrün
Tomate	Paradeiser	Tomate
Tomatenmark	Paradeismark	Tomatenpüree
Walnüsse	Baumnüsse, Walnüsse	Baumnüsse
Weißkohl	Weißkraut	Weißkabis
Wirsing	Kohl	Wirz
Zucchini	Zucchini	Zucchini/Zucchetti
Zuckerschote	Erbsenschote	Kefe

Impressum

Die Autoren

Elisabeth Döpp
Sie schloß ihr Studium mit dem Magister ab und war jahrelang Lektorin eines großen Verlages in München. Sie schrieb mehrere Kochbücher, ist außerdem UGB-Gesundheits-Trainerin im Bereich Ernährung und gibt Kochkurse. Sie ist spezialisiert auf vollwertige und vegetarische Küche und entwickelte die entsprechenden Rezepte für dieses Buch.

Reinhardt Hess
Nach dem Studium der Germanistik und Geographie begann er als Redakteur bei der größten deutschen Kochzeitschrift, danach arbeitete er als Redaktionsleiter in Buchverlagen. Jetzt schreibt er als freier Autor Kochbücher und steht dabei selbst in der Küche, um neue Ideen und auf Reisen gesammelte Rezepte auszuprobieren. Sein Schwerpunkt in diesem Buch: Internationale Küche und Klassiker.

Marianne Kaltenbach
Die Schweizer Erfolgsautorin kennt die Küche ihrer Heimat so gut wie die aller europäischen Länder. Seit über 20 Jahren schreibt sie Kochbücher und behandelt als gastronomische Journalistin am liebsten Themen der praxisnahen, aber unbedingt gehobenen Küche – ideal für die Bewirtung von Gästen. Außer für Buchverlage schreibt sie für bekannte Schweizer Zeitschriften. Ihr Schwerpunkt in diesem Buch sind Rezepte für Gäste und besondere Anlässe.

Angelika Ilies
Die gebürtige Hamburgerin mit Wohnsitzen in Bonn und München begann ihren Start in die Karriere direkt nach dem Ökotrophologiestudium – mit einem Umweg über London, wo sie in einem renommierten Verlag Redaktionsalltag erlebte. Zurück im eigenen Land verstärkte sie das Kochressort der größten deutschen Foodzeitschrift. Seit 1989 arbeitet sie erfolgreich als freie Autorin und Food-Journalistin. Ihr Schwerpunkt in diesem Buch sind die schnellen und unkomplizierten Rezepte für jeden Tag.

Die Temperaturstufen bei Gasherden variieren von Hersteller zu Hersteller. Welche Stufe Ihres Herdes der jeweils angegebenen Temperatur entspricht, entnehmen Sie bitte der Gebrauchsanweisung.

Die Fotografen

Klaus Arras
Er studierte an der Fachhochschule in Köln Fotoingenieurswesen und fotografiert in seinem Kölner Studio seit 1985 Stillife für Werbeagenturen und Industrie. Außerdem gilt sein Engagement verstärkt der Foodfotografie. Seine Aufnahmen zeichnen sich ganz besonders durch einfühlsame Lichtstimmungen aus. Er ist für deutsche und internationale Kochbuchverlage tätig. In seinem Studio sind Xenia Burgtorf für das Styling und Ursula Virnich und Petra Wegler für die Küche zuständig.

Studio und Archiv für Foodfotografie Teubner
Das von Christian Teubner 1962 gegründete Unternehmen genießt international größtes Ansehen. Christian Teubner – Fotograf, Koch und Gourmet – hat auf unzähligen Reisen durch alle Kontinente das Wesen der Landesküchen kennengelernt. In seinem Studio wird dieses Wissen in hochwertige Profi-Bücher umgesetzt. Besonderes Augenmerk legt er dabei auf die naturgetreue Wiedergabe der verwendeten Produkte. Das Fotoarchiv umfaßt eine der größten Sammlungen an warenkundlichen Aufnahmen weltweit.

Redaktion: Katharina Lisson, Sabine Sälzer
Lektorat: Susanne Bodensteiner
Warenkunde: Annette Heisch, Cornelia Schinharl
Versuchsküche: Traute Hatterscheid, Christa Konrad-Seiter, Marianne Obermayr

Typografie: Kraxenberger Kommunikation
Umschlaggestaltung: Studio Greif
Herstellung: Eva Hehemann
Titel: FoodPhotography Eising
Innentitel, Kapitelaufmacher und Rezeptfotos: Klaus Arras
Sonstige Bilder:
Fotostudio Teubner (Rückseite großes Bild und alle anderen)

Satz und Reproduktion der Bilder auf S. 14–27: L & G 1000, München
Reproduktion: Longo, Bozen
Druck und Bindung: Mondadori, Verona
ISBN 3-7742-2398-X

Auflage	5.	4.	3.	2.	1.
Jahr	2000	99	98	97	96

Umschlag-Vorderseite: Stilleben mit gefüllten Nudeln
Umschlag-Rückseite (von oben nach unten): Lasagne mit Shiitake-Pilzen (S. 130); Basilikumnudeln mit Tomatensauce (S. 61), Knuspernudeln mit süß-saurem Fisch (S. 98)

Alle Rezeptaufnahmen entstanden auf Agfachrome 100 RS